니체의 문화철학을 위한 하나의 입문서

# 문화철학자,
# 니체

니 체 의 문 화 철 학 을 위 한 하 나 의 입 문 서

# 문화철학자,
## 니체

남재민 지음

# 글쓴이의 말

21세기는 문화의 시대로 일컬어질 만큼 우리 사회에서 문화의 중요성은 점차 증대되고 있다. 물론 현대 사회에서 문화는 단지 물질적인 빈곤의 상태로부터 벗어나기 위한 문명적인 요소만을 의미하지 않는다. 그럼에도 불구하고 현대 사회의 문화는 마치 일종의 상품, 특히 거대한 자본과 결합하여 철저하게 수요와 공급에 의해 생산된 산업으로 규정되고 있다. 이러한 문화 산업은 문화를 철저하게 상품으로 취급하며, 인간을 문화의 창조 과정으로부터 소외시킨다. 그리고 이것은 인간이 자신의 삶을 평균적이고 획일적으로 파악하는 이유이다. 그러나 인간의 본래적인 삶은 평균적이고 획일적인 것이 아니라, 언제나 '지금'이라는 순간의 이름을 통해 주어진다. 그리고 '지금'이라는 이 순간은 누구에게나 똑같이 찰나적으로 동일하게 분절되어 있는 것도 아니며, 서로 다른 과거와 현재 그리고 미래라는 시간의 연속이다.

프리드리히 니체(Friedrich Nietzsche)는 특히 이 '지금'의 의미를 강조한다. 물론 여기에서 '지금'은 단지 시간적인 의미만을 지칭하는 개념은 아니다. 왜냐하면 인간에게 '지금'은 각자 자신의 실존적 삶이 펼쳐지는 지평의 순간이자, 공간이라는 개념을 함의하고 있기 때문이다. 따라서 니체에게 대지(Erde)와 '지금 여기'와 같은 단어들은 모두 인간의 실존적인 삶의 토대를 의미하는 개념이다. 니체에게 인간의 삶은 오직 '지금 여기'라는 시·공간에서 펼쳐진다. 그러므로 니체는 당대에 문화적으로 전승된 형이상학의 규범들 예를 들면, 초월적인 것(Transzendenz)과 같은 시·공간적 규정을 단호히 거부한다. 니체의 관점에서 '지금 여기'라는 규정으로부터 벗어난 인간의 삶은 존재할 수 없고, 또한 이곳에서 벗어난 삶이 존재한다고 해도 인간에게 아무런 영향력을 행사할 수 없기 때문이다.

니체는 자신을 '문화의 의사'(Arzt der Cultur)로 규정하며, 자신의 사유 전반에서 당대 문화의 위기를 진단할 뿐만 아니라 이러한 문화적 위기 상황을 극복할 수 있는 방법을 모색한다. 특히 니체는 세계의 탈마법화(Entzauberung der Welt) 이후 전개된 이성중심주의와 인간의 평균적인 삶을 통해 문화의 구조적 모순의 지적할 수 있는 사유의 단초를 우리에게 제공한다. 그리고 니체는 계보학적 방법(genealogische Methode)을 통해 이와 같은 문화의 문제가 단지 한정된 시대에 국한된 것이 아니라, 문화의 근원적 토대로부터 시작된다는 점을 강조한다.

니체는 이와 같은 문화의 문제를 해결하고, 문화의 시원적 의미를 우리에게 제공하고자 했다. 물론 여기에서 니체가 제시한 문화의 시원적 의미는 인간에게 행복과 번영을 약속하지 않는다. 오히려 니체는 인간이 실존적인 삶의 의미와 운명의 부조리함에 대해 회피하지 않기를 소망한다. 그리고 인간에게 이것은 오히려 고통스러운 삶을 의미한다.

그럼에도 불구하고 니체의 이와 같은 사유는 오늘날에도 여전히 지속되고 있는 다양한 문화의 문제점들을 해결할 수 있는 출발점으로 제공될 수 있다. 이것은 니체의 사유가 전승된 것과는 다른 방식, 문화에 대한 전통적인 규정으로부터 탈피하는 것을 통해 제시되기 때문이다. 이 책은 2020년 발표된 저자의 박사 학위 논문 『니체의 문화철학 연구 -자연성 회복과 가치극복을 중심으로-』을 각색한 것이다. 논의의 큰 틀은 변하지 않았지만, 세부적으로는 서론과 결론은 생략하였으며, 내용과 각주들을 가감하고, 많은 문장을 가다듬었다. 저자의 이와 같은 작업이 니체의 문화철학에 대한 논의를 조금이라도 풍성하게 만들었으면 하는 바람이다.

# 차례

# 1부

# 문화철학자로서, 예술

## 일러두기

니체의 인용은 Giorgio Colli와 Mazzino Montinary가 편집한 15권으로 이루어진 니체의 비평 전집, Sämtliche Werke : Kritische Studienausgabe in 15 Bänden(München, Berlin, New York : De Gruyter, dtv, 1980)을 인용한다. 이 전집의 인용은 KSA로 줄이고, 뒤에 전집의 권수와 쪽수로 표시한다. 예시 : KSA 1, 582.

1장

# 예술과 문화의 자연성

## 1. 예술충동과 문화의 형성

흔히 문화의 어원적 기원은 '경작하다', '돌보다'와 같은 뜻을 가진 라틴어 동사 'colere'로 규정된다. 과거 단지 밭에 대한 경작(cultura agri)을 의미했던 문화의 의미는 점차 인간이 자신의 영혼을 경작(cultura animi)하고 양육하는 의미로 확장된다. 그리고 이러한 문화 개념의 의미 확장은 오늘날에도 진행되고 있다. 결국 우리는 문화라는 개념이 오늘날에도 점진적으로 의미의 외연을 확장시키고 있으며, 이러한 맥락에서 일종의 동사적인 개념으로도 정의될 수 있다는 사실을 알 수 있다.[1]

물론 문화 개념의 이와 같은 의미의 확장은 문화의 의미가 단지 학문적인 고찰의 대상으로 머물러 있는 것이 아니라, 인간의 삶과 밀접하게 연결되어 있다는 것을 의미한다. 오늘날 우리가 '문화란 무엇인가?'라는 물음을 쉽게 해결할 수 없는 이유도 바로 여기에 있다.[2]

---

1) 랄프 콘너스만은 문화의 이러한 특징을 다음과 같이 제시한다. "어떤 것이 문화로서 존재한다거나 개별적으로 문화로서 간주된다고 하더라도 하나의 최종적 정의에 도달한 문화개념이란 없다." 랄프 콘너스만의 이와 관련한 논의는 랄프 콘너스만, 『문화철학이란 무엇인가』, 이상엽 옮김, 북코리아, 2006, 15쪽 이하 참고.

그러므로 문화에 대한 정확한 의미 규정을 내리기 힘든 이러한 현실은 비단 오늘날의 일만은 아니었다. 고대 그리스 시대에도 문화라는 개념은 특정한 양상이나 상태 혹은 활동을 지칭하는 개별적인 표현들로 존재할 뿐, 이러한 것들의 총체를 지칭하는 개념으로 존재하지 않았다. 라인하르트 코젤렉(Reinhart Koselleck)은 그리스 시대의 이러한 포괄적인 문화 개념의 부재에 대해 "개념과 그것이 지칭하는 사물이 일치하지 않는 정도가 다른 개념에서보다 훨씬 더 크다는 사실"로부터 야기되는 현상이라고 지적한다.[3] 랄프 콘너스만(Ralf Konersmann)은 결국 이러한 문화 개념의 특징이 "어떤 것이 문화로서 존재한다거나 개별적으로 문화로서 간주된다고 하더라도 하나의 최종적 정의에 도달한 문화 개념이란 없다"라는 결과를 야기한다고 지적한다.[4]

이러한 이유에서 문화는 철학의 영역에서도 주요 주제가 아니었다. 에른스트 카시러(Ernst Cassirer) 역시 문화철학이 아직 개념과 주제가 명확하게 규정되어 있지 않은 상태이며, 이것은 여전히 보

---

2) 레이먼드 윌리엄스는 문화개념에 대한 규정의 어려움을 다음과 같이 표현하는데, 레이먼드 윌리엄스에 따르면 문화는 영어에서 가장 정의하기 어렵고 복잡한 단어 중 하나이다. 레이먼드 윌리엄스의 문화에 대한 논의는 Raymond Williams, keywords: *Vocabulary of Culture and Society*, London, fontana, 1976, 87쪽.

3) 이와 관련한 코젤렉의 논의는 라인하르트 코젤렉, 『코젤렉의 개념사 사전 1 문명과 문화』, 안심환 옮김, 푸른역사, 2010, 20쪽 이하 참고.

4) 그럼에도 불구하고 콘너스만은 이러한 문화개념에 대한 정의를 다음과 같이 체계화한다. 첫째는 기술적(deskriptiv) 문화개념이다. 이 개념은 인간이 만든 세계를 가리킨다. 즉 구체적인 관습, 습속, 심성, 상징질서의 틀 속에 나타나는 인간의 생산과 재생산의 형식을 가리킨다. … 둘째는 역동적(dynamisch) 문화개념이다. 이 개념은 문화를 이중적으로 만드는 것으로서 예전부터 문화에 특징적으로 나타났다. … 셋째는 고고학적(archälogisch) 문화개념이다. 고고학적 문화개념은 우리가 삶을 살아갈 때 언제나 이미 전제하고 있는 조건, 말하자면 전승과 전통의 맥락을 거론한다. 이때 중요하게 다루는 것은 무의식적인 영역, 즉 깊숙이 뿌리내리고 있는 신념과 심성의 영역이다. … 넷째는 규범적(normativ) 문화개념이다. 왜냐하면 이 개념은 문화를 재구성하는 것이 아니라 문화의 차이를 확정하는 것이기 때문이다. 문화개념의 체계성에 대한 콘너스만의 논의는 랄프 콘너스만, 앞의 책, 27쪽 이하 참고.

편적인 문화의 의미가 아직 함의되어 있지 않기 때문이라고 주장한다.[5]

그러나 문화에 대한 개념적 정의를 둘러싼 이와 같은 혼란에도 불구하고 문화는 결국 인간의 다양한 삶의 형식들에 대한 총체를 논의하며, 문화에 대한 철학적 담론인 문화철학도 인간의 삶이라는 출발점에서 논의가 시작되어야 한다는 점은 변함없을 것이다. 특히 이러한 측면에서 니체의 문화철학은 우리에게 문화에 대한 일종의 이정표를 제시해준다. 왜냐하면 니체는 인간의 삶을 전통적인 사유의 방식으로부터 벗어나 새로운 의미의 지평으로 노정하기 때문이다.[6]

니체는 문화 개념을 대부분의 저작들에서 다양한 메타포를 통해 표현하고 있다.[7] 이런 니체에게 문화는 마치 인간의 삶에 의해 끊임

---

5) 에른스트 카시러, 『문화과학의 논리』, 박완규 옮김, 도서출판 길, 41쪽 이하 참고.

6) 니체의 문화 개념은 그의 다양한 사상들과 연관성 속에서 논의된다. 우선 Rüdiger Schimidt는 "Elem ente der frühen Kulturkritik Friedrich Nietzsches", in *Nietzsche-Studien*, Volume 13, Issue 1, 1984에서 초기 니체의 문화 비판의 요소들에 대해 서술하고 있다. 특히 그는 국가와 문화의 관계 그리고 아름다움 이면에 숨겨져 있는 문화의 본성에 대해 주목한다. 또한 Werner Stegmaier는 *Friedrich Nietzsche zur Einführung*, Hamburg, 2013에서 니체가 이미 자신의 초기 저서에서 중대한 주제들을 주도적으로 구분하고 있다고 주장하며, 이러한 중대한 과제 중 하나가 바로 문화의 고조라는 견해를 밝히고 있다. Volker Gerhardt는 *Friedrich Nietzsche*, C. H. Beck, münchen, 1995를 통해 문화와 개인의 관계를 중점적으로 고찰하고 있다. 특히 그는 문화를 개체가 그 속에서 자신의 의미를 찾을 수 있는 것이며 그렇기 때문에 오직 개체에 의해서만 문화가 생성될 수 있다고 주장한다. 또한 Andreas Urs Sommer는 *Nietzsche und Die Folgen*, J.B. Metzler, Springer-Verlag Gm b, Heidelberg, 2017을 통해 니체 철학으로 인해 야기되는 문화적인 위험성을 지적하고 있다. 또한 니체의 역사인식과 관련해서 Renate Reschke는 "'KORRUPTION' Ein kulturkritischer Begriff Friedrich Nietzsches zwischen Geschichtsphilosphie Und Ästhetik" in *Nietzsche-Studien*, Volume 2 1, Issue 1, 1992를 통해 니체가 전개한 문화 비판을 역사철학과 미학의 관점에서 서술하고 있다. 니체의 도덕 비판과 관련해서 Christopher Janaway는 *Beyond Selflessness Reading Nietzsche's Genealogy*, Oxford University Press, Oxford, 2009에서 선과 악, 주인도덕과 노예도덕, 자유의지, 죄의식 등과 같은 니체 도덕의 핵심적인 개념들을 서술하고 있다. 니체의 예술과 관련해서 Wiebrcht Ries는 *Nietzsche Und Seine Ästhetische Philosophie des Lebens*, A. Francke Verlag, Tübingen, 2012에서 삶의 미학적 형이상학에 대한 니체의 계획들에 대해 서술하고 있다. 특히 그는 니체 철학에서의 예술의 의미를 현존재와 관련하여 탐구하고 있다. 마지막으로 Michel Haar는 *Nietzsche and Metaphysics*, State University of New York Press, Albany, 1996을 통해 니체의 총체적인 자연을 서술한다. 특히 그는 니체의 자연 개념을 소크라테스 이전 피지스(physis) 개념과 연관성 속에서 고찰하고 있다.

없이 펼쳐지는 무한한 형식의 지평으로 정의된다. 따라서 니체는 전통적인 사유와 같이 문화를 인간의 이성에 대한 계몽(Aufklärung)의 결과로 받아들이지 않는다. 다시 말해, 니체의 관점에서 헤르더(Johann Gottfried von Herder)와 같은 전통 철학자들이 주장하는 "정신의 도야, 인류의 문명화, 개화, 계몽, 인간화, 문명화"와 같은 문화의 요소는 진정한 문화를 의미하지 않는다. 이것은 니체가 전승된 문화에 대해 갖는 반감, 즉 기존의 문화를 데카당스[8](Dekaenz)로 규정하고, 자신을 문화의 데카당스를 치유할 문화의 의사로 규정하는 것을 통해 더욱 명확하게 드러난다. 결국 니체에게 문화란 단지 야만으로부터 벗어난 상태를 의미하는 교양(Bildung)이라는 개념으로 설명될 수 없는 단어이다.[9]

니체는 문화를 문명(Zivilisation)과 엄밀하게 구분하려고 노력한다.[10] "문화와 문명의 정점은 서로 떨어져 있다.: 문명과 문화 간의

---

7) 니체의 저작에서 문화 개념에 대한 메타포에 대한 Paul van Tongeren의 논의는 Paul van Tongeren, "Vom Artz" der Cultur zum Artz und Kranken in person eine Hyphothese zur Entwicklung Nietzsche als Philosoph Kultur(en), in *Nietzsche-Philosoph der Kultue(en)*, 2008, 13쪽 이하 참고.

8) 니체에게 데카당스는 문화의 하강적 측면을 드러내는 핵심적인 용어이다. 특히 다가하시 준이치는 데카당스와 니힐리즘이 모든 문화의 거의 모든 문화의 현상을 파악하는 개념이라고 주장한다. 즉, "니힐리즘이 근대 계몽 이성의 자기 붕괴의 결과, 유럽 역사의 내재적 원리라고 한다면, 데카당스는 유럽 역사의 필연적 결과의 현재화였다. 더우이 니체에게 있어 니힐리즘은 데카당스의 원인이 아니라 데카당스의 논리이자 데카당스의 결과이며, [유고 II.11.81], 이 점을 깨달을 것에서 니체의 도덕 문제의 원근법 전치가 변한다. 자기 자신에게 상처를 입히는 약자야말로 데카당스의 전형이 된다면, 이러한 니힐리즘과 데카당스에 대항하는 삶의 고양의 암호로서 이것에 대치되는 것이 위버멘쉬이어야만 한다." 니체의 데카당스와 니힐리즘의 관계에 대한 다가하시 준이치의 논의는 기마에 도이아키 외, 『니체사전』, 이신철 옮김, 2016, 119쪽.

9) Louis Dumur는 니체가 교양이 문화적인 요소를 제외하고 발전할 수 있다는 점은 분명히 언급하고 있지만, 문화가 교양 없이 존재할 수 있는가에 대해서는 언급하지 않았다고 지적한다. 즉, 그의 지적대로라면 니체에게 문화 개념이 교양 개념과 분리될 수 있는지는 여전히 모호한 상태로 남아 있는 것이다. Louis Dumur, "Nietzsche and Culture", in *The Philosophical Volume 40*, Issue 2, 2009, 276쪽 이하 참고.

10) 이런 점에서 노르베르트 엘리아스는 니체가 문화 개념을 독일인들의 전통적인 사유의 흐름 속에서 파악하고 있다고 지적한다. 엘리아스에 따르면 니체의 사유에는 당대 독일의 문명에 대한 이중적인 문제의식이 공유되고 있었다. 즉, 영국, 프랑스인들은 문명을 인류의 진보와 관련한 위대한 업적으로 파악하지만 독일인들은 문명에 대해 이중적인 태도를 견지하고 있다는 점

심연적인 적대 관계에 대해 오도되어서는 안 된다. 문화의 위대한 시정은 언제나 도덕적으로 말하면 부패의 시대였다. … 문명이 원하는 것은 문화가 원하는 것과는 다르다.: 아마도 정반대의 것이리라."(KSA 13, 485쪽) 그러나 여기에서 주의해야 할 점은 니체의 문화 개념이 단지 문명과 대립적인 것을 의미하지는 않는다는 점이다. 니체에게 문화와 문명은 대립적인 것이 아니라, 오히려 주종관계와 유사하다. 물론 니체에게도 문명은 문화를 위한 필수요소이며, 니체도 이 사실을 부정하지 않는다. 그러나 니체의 관점에서 문명의 존재 목적은 오직 문화를 위한 것이어야만 했다. 만약 문명이 자신의 본래적인 목적으로부터 벗어나 문화의 건강을 저해하거나, 문화를 쇠퇴하게 만든다면, 이러한 문명은 니체에게 아무런 존재 의미를 가질 수 없었다.

　니체는 문화가 다수의 문명적 희생을 토대로 하고 있다는 점을 분명히 한다. 니체에게 "모든 문화의 본질에는 노예제도가 속해 있다는 사실"(KSA 1, 767쪽)은 자명한 진리와도 같았다. 이것은 문화의 본질에는 권리의 불평등이 이미 내재해 있다는 것을 의미한다. 그리고 니체는 이러한 권리의 불평등을 적극적으로 옹호한다. 다시 말해, 니체에게 고귀한 문화는 오히려 평등이라는 이념의 실현이 아니라 불평등으로 실현된다. 그러므로 문화 속에 내재한 불평등의 이념은 당대의 데카당스한 문화가 회복해야 할 가치이며, 진정한 의미의 문화의 시원적 요소이다. 결국 니체가 지향하는 문화는 결코 모든 인간이 행복한 삶을 살아갈 수 있는 세계, 다시 말

이다. 그러므로 독일인들에게 문명이란 자신들의 삶을 윤택하게 해주는 것이지만 인간 본연에 대한 이해가 결여되어 있는 것으로 정의된다. 노르베르트 엘리아스 이와 관련한 논의는 노르베르트 엘리아스, 『문명화의 과정』, 박미애 옮김, 한길사, 1999, 105쪽 이하 참고.

해 모든 인간에게 공정하게 펼쳐지는 평균화되고, 정형화된 세계를 의미하지 않는다.

니체의 관점에서 문화는 인간에게 존재하는 충동(Trieb)의 현상이다. 이것은 니체에게 인간이 자신의 충동을 끊임없이 여러 가지 문화적 요소들로 표현하는 존재이기 때문이다. 즉, 니체에 따르면 "문화는 삶의 모든 표현에서 나타나는 예술적 양식의 통일"(KSA 1, 163쪽)이다.

특히 니체의 이와 같은 문화 이해는 기존의 담론들과 예술에 대한 서로 다른 이해를 통해 더 극적으로 대비된다. 칸트를 비롯하여 독일 관념론의 흐름 속에서 예술은 주로 인간의 이성적 능력과 밀접한 연관성을 갖는다. 이것은 바움가르텐에 의해 미학(Ästhetik)이라는 이름의 분과 학문으로 정초된 예술이 인간의 공통된 인식 능력(Sinnlichkeit)의 영역에서 주로 논의되기 때문이다.

칸트는 예술을 근대적 주관성(Subjektivität)의 미적 판단(ästhetisches Urteil)에 대한 인식 일반(Erkenntnis überhaupt)의 가능성으로 정초하는 것을 목표로 한다.[11] 칸트는 인간의 취미(Geschmack)를 인식하는 미학적 공통감각(sensus communis aestheticus)의 존재를 적극적으로 긍정하고, 이를 바탕으로 인간이 아름다움을 보편적으

---

11) 카이 함머마이스터는 이러한 칸트의 미적 판단의 보편성에 대한 문제를 다음과 같이 지적한다. "칸트는 진정한 보편성은 개념을 수단으로 해서만 획득될 수 있다고 주장한다. 다시 말해 그것은 논리적 필연성에 의해 정당화되기 때문에 자기모순 없이는 논박될 수 없는 그런 것이다. 하지만 미적 판단은 이런 종류의 것이 아니다. … 칸트에 따르자면 경험에 근거한 지식의 유형에는 세 능력이 관계하는데, 첫 번째가 감성(감각적 자극을 수동적으로 수용하는 능력)이고 두 번째는 상상력(감각적 자극을 수동적으로 수용하는 능력)이고 두 번째는 상상력(감각의 잡다를 통일된 개체로 정리하는 능력), 세 번째는 지성(상상력의 활동 결과를 그 아래로 포섭하여 개념을 규정하는 능력)이다. 그럼에도 두 번째 단계인 상상력으로부터 세 번째 단계인 지성으로 이행하지 않는 것이 미적 판단의 본성이다. 그러나 단지 지성만이 개념을 제공할 수 있고 어떠한 보편성도 개념화 없이는 도달될 수 없기 때문에, 미적 판단 주관성을 초월하도록 하는 다른 주장에 호소해야 한다." 칸트의 미적 판단의 보편성과 관련한 함머마이스터의 논의는 카이 함머마이스터, 『독일 미학 전통』, 신혜경 옮김, 이학사, 2014, 65쪽 이하 참고.

로 인식할 수 있다고 주장한다. 이러한 인간의 공통적인 미적 감각은 헤겔의 사유에서도 찾아볼 수 있다. 특히 헤겔은 예술을 절대정신(absoluter Geist)의 외화(Äußerung) 과정으로 파악하는데, 그에게 예술은 정신의 가장 낮은 직관(Anschauung)의 단계로서 표상(Vorstellung)의 단계인 종교와 개념(Begriff)의 단계인 철학으로 지양(Aufheben)해야 하는 정신 발전의 하위 단계이다.

하지만 니체는 예술을 통해 인간의 이성적 능력의 한계를 지적한다는 점에서 독일 관념론적인 사유의 흐름에서 벗어나 있다. 물론 이러한 사유의 특징은 단지 예술에 대한 관점에 국한되는 것이 아니라, 니체의 사유 전반을 통해 드러난다. 이것은 니체가 인간의 이성적 능력을 "뿔을 갖거나 또는 맹수의 예리한 이빨을 가진 자들과 생존을 위해 투쟁할 능력이 없는 약하고 건강하지 못한 개체들이 스스로를 보존하는 수단"(KSA 1, 867쪽)에 불과한 것으로 평가하는 것에서도 나타난다. 그러므로 인간에게 세계의 우월적 지위를 부여한 전통적인 형이상학적 사유는 니체에게 단호히 거부된다.

니체는 세계에 "인간이 존재하지 않았던 영겁의 시간이 있었다. 또 인간의 존재가 끝난다고 하더라도 아무런 일도 일어나지 않을 것"(KSA 1, 875쪽)이라는 주장을 통해 세계 속 인간의 지위를 정초한다. 그뿐만 아니라 니체는 전승된 형이상학적 사유가 전개한 인간 인식의 보편타당성(Allgemeingültigkeit)을 단지 인간의 주관적 믿음의 영역에서 비롯된 것이라고 지적한다. 니체의 관점에서 세계의 법칙성과 보편성은 인간의 인식주관에 대한 믿음이 만들어 낸 허구에 불과한 것이다. 하지만 인간은 이러한 믿음을 통해 궁극적으로 자신의 삶까지도 학문적 앎의 대상으로 전락시켰다. 즉, 세계의 법칙성과 보편성에 대한 믿음은 인간이 자신의 삶을 학문과 같이 개념적으로 추론 가능한 것이라고 인식하는 근거가 된다. 따라서 니체는 인식주관이 소유한 능력에 대한 믿음과 여기에서 비롯된 문화 일체를 질병(Krankheit)으로 규정한다.

니체에게 인간의 삶은 학문으로 규정할 수 없는 넘치는 생동감의 원천(Quelle)이다. 그러므로 니체는 인간의 본래적인 삶의 의미를 회복하기 위해 삶을 더 이상 학문이 아니라, 예술로서 조망할 것을 요구한다. 인간의 삶은 이러한 과정을 통해 넘치는 생동감으로서 대지의 의미를 충실히 반영할 수 있다. 그러나 여기에서 주의해야 할 점은 예술이 전승된 형이상학에서 정의된 것과 같이 단지 이데아의 세계를 모방하거나, 인간의 공통된 인식 능력을 전제하는 미적 활동을 의미하지 않는다는 것이다. 이것은 니체에게 예술이 인간과 세계가 관계 맺을 수 있는 유일한 통로이기 때문이다. 다시 말해, 니체에게 예술은 인간이 자신의 충동을 삶에 투영시키는 과정이며, 이러한 충동을 통해 삶을 조형하는 행위 일체를 의미한다.[12] 니체는 이러한 예술에 대한 인식을 바탕으로 "실존과 세계가 오직 미적 현상으로만 영원히 정당화"(KSA 1, 46쪽)될 수 있다고 주장한다.[13]

---

12) 물론 니체에게 일반적인 의미의 예술 개념도 사용된다. 그러나 단토가 지적한 바와 같이 니체에게 중요한 예술 개념은 예술 작품이나 예술가를 의미하는 협의의 예술 개념이 아니라, 광의의 개념, 다시 말해 인간이 세계를 느끼고 인식하는 방식을 의미한다. 즉, 단토는 이러한 예술이 인간의 독창적이고 가장 근본적인 경험이라고 주장한다. 이와 관련한 단토의 논의는 Arthur C. Danto, *Nietzsche as Philosopher*, Columbia University Press, 2005, 27쪽 이하 참고.

13) 흔히 니체의 예술은 시기별로 전기의 예술가-형이상학(Artisten-Metaphysik)과 후기의 예술생리학(Physiologie der Kunst) 시기로 구분된다. 물론 이러한 일반적인 구분에도 불구하고 니체의 예술론은 하나의 일관된 흐름 속에서 논의될 수 있는데, 이것은 니체가 예술가-형이상학의 시기를 제시한 가상(Schein)의 의미가 예술생리학의 차원에서 논의하고 있다는 점이다. 즉, 니체는 예술가-형이상학 시기 "자연 속에서 저 강력한 예술충동(Kunsttrieb)을 감지하고 이 충동에 깃든 가상을 향한 강렬한 열망과 가상에 의한 구원(Erlösung)에의 열망"이 존재한다고 주장한

그러므로 니체의 관점에서 예술은 박물관이나 미술관에 전시된 예술 작품만을 지칭하는 것이 아니라, 인간의 행위와 삶의 문제로 확장된 것이다. 니체는 모든 인간을 근원적 예술가로 규정하며, 인간의 삶 자체를 일종의 예술 작품으로 정의한다. 따라서 니체에게 예술은 인간의 예술충동이 삶을 매개로 현상된 것이다.

니체는 이러한 예술충동을 아폴론적인 것(Das Apollinische)과 디오니소스적인 것(Das Dionysische)이라는 그리스 신들의 이름을 통해 상징적으로 구분한다. 인간의 예술충동, 다시 말해 아폴론적인 것과 디오니소스적인 것은 그리스 신화에서와 같이 서로 대립적인 특징을 갖는다.[14]

아폴론적인 충동은 조화롭게 규정된 아름다움을 창조하는 충동이자, 개체화의 원리(principium individuationis)를 통해 꿈(Traum)

---

다. 그리고 이것은 예술생리학 시기에 몸(Leib)이라는 개념의 사상적 단초로 제공된다. 물론 백승영은 이와 관련하여 다음과 같이 반대되는 의견을 피력한다. 니체는 예술가-형이상학 프로그램이 성공한 프로그램일 수 없다고 진단한다. 왜냐하면 첫째, 인간 삶과 세계가 정당화를 필요로 하는 것이라는 과제 자체가 잘못 설정된 것이기 때문이다. 인간의 삶과 세계에는 추한 면과 외면하고 싶은 면, 고통스러운 측면과 그 반대의 측면이 필연적으로 포함되어 있다. 이런 필연성을 외면하고 극복의 대상으로 삼아, 이를테면 추한 것을 아름답게 만들어 감내하게 하는 것은 삶의 전체적인 면을 외면하는 것과 같다. 즉 '실재를 거짓에 의해 능욕하는 것'과 같다. 따라서 둘째, 잘못된 과제 설정이 잘못된 과제 수행 방식을 요구하기 때문이다. 아름답고 그럴듯한 환상 만들기를 요구하기 때문이다. 인간이 예술적 능력을 가지고 누리는 성공은 단지 '예술가적 승리'이고, 그것을 통한 구제는 진정한 의미의 구제가 아니라, 단지 '가상적 구제'일 뿐이기 때문이다. 이와 관련한 백승영의 논의는 백승영, 니체『유고(1885년 가을~1887년 가을)』, 『유고(1887년 가을~1887년 3월)』, 『유고(1885년 초~1887년 1월 초)』-철학 텍스트들의 내용 분석에 의거한 디지털 지식 자원 구축을 위한 기초적 연구-,『철학사상』별책 제3권 제20호, 서울대학교 철학사상연구소, 2004, 279쪽 이하 참고.

14) 이와 같은 인간의 내면적인 충동을 상징을 통해 표현해 내는 것은 결코 쉬운 일이 아니다. Allan Megill은 아폴론적인 것과 디오니소스적인 것의 의미가 파악하기 어렵다는 사실을 지적한다. 특히 그는 아폴론적인 것과 디오니소스적인 것이 단지 개념이 아니라 대립적인 상징이라고 주장한다. 왜냐하면 Megill의 관점에서 아폴론적인 것과 디오니소스적인 것은 특정한 것을 지칭하는 기호가 아니라 다중적인 의미 체계를 갖고 있으며, 적어도 3개 이상의 부수적인 대립항을 포함하고 있기 때문이다. 이와 관련한 논의는 Allan Megill, *Prophets of Extremity Nietzsche, Heidegger*, Foucault, Derrida, University of California Press, California, 1987, 38쪽 이하 참고.

의 표상(Vorstellung)이다. 니체는 조형 예술을 이와 같은 아폴론적 충동에 대한 구체적인 실현으로 규정한다. 니체에게 존재하는 모든 것의 조화를 추구하는 조형 예술은 "가상의 아름다움 속에 완전히 몰입되어 있는 상태"(KSA 1, 37쪽)이다. 니체는 이러한 조화로운 상태의 표현이 바로 소박함(naiv)이라고 주장한다. 그러므로 니체에게 그리스적 소박함은 근대 지식인들이 동경했던 인간과 자연의 통일 혹은 모든 문화에서 발견되는 단순하고 자연 발생적인 예술을 의미하는 것이 아니라, 인간의 아폴론적 충동이 "올림포스라는 환희에 찬 신들의 질서"(KSA 1, 34쪽) 속에 몰입되어 있는 상태이다.[15] 따라서 여기에서 소박함은 인간이 개체화의 원리에 의존하여 가상을 창조하고, 가상에 몰입되어 있는 상태를 의미한다.

니체의 관점에서 그리스인들의 소박함은 실존의 필수적인 요소였다. 왜냐하면 "살아갈 수 있기 위해서라도, 그리스인들은 그러한 공포와 끔찍함에 대해서 올림포스라는 찬란한 꿈의 산물을 세워야만 했기"(KSA 1, 35쪽) 때문이다.

여기에서 니체는 개체화의 원리를 쇼펜하우어와는 다른 방향으로 해석한다. 즉, 쇼펜하우어에게 개체화의 원리는 개체의 존재근거(der Existenzgrund der Einzelwesen)일 뿐만 아니라, 모든 개체

---

15) 이상엽은 이 점을 다음과 같이 설명한다. "니체는 아폴론적 예술이 염세주의에 사로잡힌 삶을 올림포스 세계와 같은 아름다운 가상을 통해 극복하는 것을 높이 평가하지만 이러한 아폴론적 예술은 단지 "소박한 예술"일 뿐이다. 아폴론적 예술은 사실상 '아름다운 가상'을 통한 고통의 은폐이지 고통의 진정한 극복이 아니기 때문이다." 즉, 이상엽은 니체의 소박함이 아폴론적 예술의 한계를 의미하는 단어라는 의견을 피력한다. 물론 니체는 후반부의 논의를 통해 호메로스가 서사시인들과 같이 세계의 근원에 대해 다가가지 못하고 세계를 표면적으로 이해하고 있다고 비판하고 있다는 점에서 이와 같은 해석의 타당성은 인정받을 수 있지만 니체가 "아폴론적인 민족문화에 대해서 관계하고 있는 호메로스야말로 그 어떤 말로도 표현할 수 없을 정도로 숭고한 인물이 아닌가! 호메로스적 소박성이란 오직 아폴론적 환상의 완전한 승리로 파악될 수 있다"는 구절을 통해 소박성을 긍정적인 맥락에서 사용한다는 점에서 소박함이 갖는 양가적인 의미에 대해 더욱 심도 있는 고찰이 필요할 것으로 보인다. 이와 관련한 논의는 이상엽, 「삶의 관점에서 본 비극의 의미」, 『철학연구』 제133집, 대한철학회, 2015, 214쪽 이하 참고.

들이 겪는 고통의 이유이기 때문에 극복의 대상이지만, 니체에게 개체화의 원리는 단순한 극복의 대상으로 정의되지 않는다. 개체화의 원리에 대한 이러한 해석의 차이는 니체가 쇼펜하우어의 『의지와 표상으로서의 세계』를 다음과 같이 변주하는 것을 통해 드러난다. "태산 같은 파도를 올렸다 내리면서 사방으로 끝없이 펼쳐진 채 포효하는 광란의 바다 위에 뱃사람 하나가 자신이 탄 보잘것없는 조각배를 믿고 의지하면서 그것 안에 앉아 있는 것처럼, 고통의 세계 한가운데에 인간 개개인은 개체화의 원리를 믿고 의지하면서 고요히 앉아 있다. … 그 원리에 사로잡혀 있는 자가 그것을 굳건히 신뢰하면서 고요히 앉아 있는 자세가 아폴론의 형상에 가장 숭고하게 표현되어 있다고 말할 수 있을 것이다. … '가상'의 쾌감과 지혜 전체가 그것의 아름다움과 함께 그의 태도와 시선을 통해 우리에게 말을 거는 것이다."(KSA 1, 29쪽)

쇼펜하우어는 이 구절에서 의지의 광활함 앞에 한낱 개체화의 원리에 의존할 수밖에 없는 인간의 한계 상황을 강조한다. 하지만 니체는 오히려 이 구절을 통해 인간의 삶 속에서 개체화의 원리의 숭고한 의미를 우리에게 제시한다. 따라서 여기에서 개체화의 원리는 조화, 질서를 상징하는 아폴론적인 충동이 인식론적으로 실현된 것으로 경험적 실재성의 토대이자, 실존적인 삶을 위한 필수적인 조건이다. 그러므로 니체에게 개체화의 원리는 인간이 자신의 삶을 스스로 정당화시킬 수 있는 실존의 출발점이다.

또한 니체는 쇼펜하우어와 달리 실존적 삶의 고통을 단순히 부정적인 것으로 정의하지 않는다. 물론 니체에게 인간이 삶의 도상에서 마주하는 고통은 아폴론적 가상이라는 매개를 통해 극복할 수 있다. 그러나 여기에서 고통의 극복은 단지 고통에 대한 초월과 배제를 의미하지 않는다. 왜냐하면 인간에 의해 창조된 아폴론적 가상은 전승된 형이상학에서 모순으로 정의되는 영원히 고통이 존재하지 않는 피안의 세계를 의미하지 않기 때문이다.

물론 이러한 아폴론적인 가상은 인간의 아폴론적인 충동만으로 형성될 수 없는 것이다. 따라서 니체는 인간이 아폴론적인 충동만으로 고통에 대한 구원으로 나아갈 수 없다고 주장한다. 그리고 이것은 아폴론적인 충동이 지닌 한계, 다시 말해 순수한 아폴론적인 충동이 인간에게 지나친 인식 욕구를 야기한다는 것을 의미한다. 니체는 인간의 모든 인식 욕구가 "모든 아름다움과 절도를 갖추고 있음에도 불구하고 고뇌와 인식이라는 숨겨진 토대에 근거"(KSA 1, 40쪽)하고 있다는 점을 지적한다. 그러므로 여기에서 인간의 인식 욕구는 인간이 고통의 근원을 은폐하기 위해 형성한 일종의 장막(Schleier)이다.

니체는 아폴론적인 충동의 배후에 아폴론적인 충동보다 근원적인 충동, 다시 말해 디오니소스적 충동을 전제한다. 즉, 디오니소스적인 것은 아폴론적인 충동이 부여한 세계에 대한 인식과 질서를 파괴하고자 하는 충동이다. 니체에 따르면 인간은 디오니소스적 충동에 사로잡혀 자신에게 개체화된 세계를 부정하고자 하는 욕구에 사로잡힌다. 이러한 욕구에 사로잡힌 인간은 "자연 자체 환희로 채우면서 스며드는 강력한 봄기운을 통해서 저 디오니소스적인 흥분을 일깨운다. 이 흥분은 고조되면서 주체적인 것은 완전한 자기망각(Selbstvergessenheit) 속으로 사라져"(KSA 1, 28쪽) 버린다. 이러한 자기망각 상태의 인간은 더 이상 자신과 타자를 구분하지 않는 상태가 된다. 니체는 이와 같은 상태가 인간의 모든 세계에 대한 모든 인식의 경계를 무너트린다고 주장한다. 니체는 이러한 자기망각의 상태를 다음과 같이 설명한다. "흥분이 고조되면서 주체적인 것은 완전한 자기망각 속으로 사라져 버린다. … 디오니소스적인 것의 마력 아래서는 인간과 인간의 결합만이 다시 회복되는 것이 아니다. 소외되고 적대시되어 왔거나 억압되어 온 자연도 자신의 잃어버린 탕아(蕩兒)인 인간과 다시 화해의 축제를 벌이게 된다."(KSA 1, 29쪽)

그러나 니체는 이와 같은 디오니소스적 충동이 인간을 자신의 모든 문화적 업적을 파괴하는 야만적인 상태로 만든다는 점을 지적한다. "거의 모든 곳에서 이 축제의 중심은 성적인 방종이었고, 이러한 방종의 물결은 모든 가족 제도와 그것의 신성한 법규를 휩쓸고 지나갔다. 다름 아닌 자연의 가장 난폭한 야수들이 이 축제를 기화로 풀려나와 음욕(Wollust)과 잔인함의 저 혐오스러운 혼합이 이루어졌다."(KSA 1, 32쪽)

그럼에도 불구하고 니체는 인간이 이러한 디오니소스적 도취(Rausch)의 과정을 통해 삶을 고양시킬 수 있다고 주장한다. 이것은 니체에게 정의된 디오니소스적 충동이 단지 인간의 모든 문화적 요소의 파괴만을 지향하지 않기 때문이다. 다시 말해, 디오니소스적 도취는 인간에게 실존의 부조리에 대한 근원적 공포를 불러일으키는데, 이와 같은 공포는 인간에게 오히려 삶을 위한 자극제이다. 결국 니체는 인간이 이러한 찰나적인 도취의 상태로부터 벗어나, 곳곳에 널려 있는 인간 존재의 실존적 부조리와 마주함을 통해 비로소 인간의 실존에 대한 공포를 삶을 위한 의지로 고양시킬 수 있다고 주장한다.

하지만 니체는 인간이 자신의 실존에 대한 공포를 느끼는 것만으로 삶을 위한 의지를 고양시킬 수 없다고 강조한다. 니체는 여기에서 바로 우리에게 가상의 가상(Schein des Scheins)이라는 개념을 제시한다. 따라서 니체에게 가상의 가상은 단지 아폴론적인 질서와 조화의 아름다움을 통해 인간에게 부여되는 일차원적인 가상을 의미하지 않는다. 니체는 가상의 가상이 갖는 의미를 다음과 같이 설명한다. "가상으로부터 이제 환상 같은 새로운 가상세계가 감미로운 향기처럼 피어오른다. 첫 번째 가상에만 사로잡혀 있는 사람들은 이 새로운 세계의 아무것도 보지 못한다. 이 새로운 세계는 가장 순수한 환희와 크게 뜬 눈으로부터 방사되는 고통 없는 관조 속에서 빛을 발하면서 떠다닌다."(KSA 1, 39쪽) 인간은 실존적 공포를 극복하기 위해 예술적인 중간세계(Mittelwelt)[16]와 같은 가상의 가상을 창조한다. 이로써 디오니소스적 충동은 더 이상 야만적인 것에 머무르지 않고, 삶을 위한 위대한 자극제(Reizmittel)로 작용한다. 니체는 이것을 다음과 같이 표현한다. "그리스인들의 디오니소스적 광란은 세계 구성원의 축제와 성화(Verklärung)의 축일이라는 의미를 갖는다는 사실을 깨닫게 된다. 이러한 디오니소스적 광

---

16) 니체는 중간세계의 특징을 다음과 같이 설명한다. 즉, 인간은 가상의 가상이라는 세계를 산출하기 위해 아폴론적인 충동의 섬세하고 미묘한 선을 넘지 않도록 주의해야 했다. 그러나 인간이 이와 같은 중용을 지키며, 아름다운 세계를 산출하는 작업은 결코 쉬운 것이 아니다. "저 절도 있는 한정, 광포한 격정으로부터의 자유, 조형의 신의 저 지혜에 넘치는 평정이 아폴론의 형상에서 없어서는 안 되는 것이다." 만약 인간이 아폴론적 충동에 대한 미묘한 선을 지키지 못한다면 아름다운 가상은 단지 조야한 현실로 변모할 것이다. 그렇기 때문에 그리스인들은 자신들의 인식과 한계를 지키기 위해 노력하였으며, 너 자신을 알라(Gnothi seauton)와 같은 격언은 인간이 아폴론적인 척도를 지키기 위한 요청이었다. 이것은 합일로서의 아폴론-디오니소스적인 충동이 갖는 특징을 서술한 것으로 해석된다. 아폴론-디오니소스적 충동은 니체의 후기 사유에서 디오니소스적이라고 부르지만, 단지 디오니소스적 충동만을 의미하는 것이 아니다. 이와 관련한 논의는 Friedrich Nietzsche, KSA 1, 27쪽.

란에서 비로소 자연은 예술적 환희에 도달하며, 그것에서 비로소 개체화의 원리의 파기가 예술적 현상이 된다."(KSA 1, 33쪽)

니체는 이러한 실존적 삶의 방향성이 바로 고대 그리스인들을 통해 제시되었다고 주장한다. 다시 말해, 니체의 관점에서 그리스인들의 삶은 아폴론적인 것과 디오니소스적인 것의 조화이자, 디오니소스적 충동의 완벽한 실현이다. 특히 이러한 실존적 삶의 모습이 잘 드러나는 것은 바로 그리스인들의 경쟁적인 삶이다. 왜냐하면 니체에게 그리스 문화는 인간의 아폴론적인 충동과 디오니소스적 충동이 끊임없는 경쟁이 이뤄지는 투쟁의 지평이며, 이러한 투쟁의 지평 속에서 인간은 자신의 실존적인 삶을 살아갈 수 있기 때문이다. 그러므로 니체는 만약 "그리스적 삶에서 경쟁을 제거한다면, 우리는 호메로스 이전의 심연, 즉 증오와 파괴욕의 소름 끼치는 야만성의 심연을 보게 된다"(KSA 1, 791쪽)고 주장한다. 그러나 여기에서 주의해야 할 점은 그리스인들의 경쟁적인 삶이 단지 자신만을 위한 것이 아니라는 점이다. 그리스인들은 자신을 "최고로 유익할 수 있거나 아니면 적어도 해를 가져오지 않도록 경쟁을 통해 자기를 발전"(KSA 1, 789쪽)시킬 의무를 가지고 있었다.

## 2. 예술충동과 문화의 유형

니체는 아폴론적인 충동과 디오니소스적인 충동의 비율로 문화의 유형을 구분 짓는다. 각각 예술적 문화, 소크라테스적 문화, 비극적 문화라고 명명되는 문화의 세 가지 유형은 역사적인 문화의 유형과 결합하여 예술적·그리스 문화, 소크라테스적·알렉산드리아적 문화, 비극적·불교문화로 규정된다. 물론 니체에게 문화의 유형은 하나의 고정된 상태로 존재하는 것이 아니라, 문화에 투영된 지배적인 충동에 따라 유기체적으로 변화하는 것이다. 그러므로 여기에서 논의되는 문화의 유형은 인간의 충동이 시간과 공간 속에서 나타나는 투쟁한 결과물의 일종이다. 하지만 문화의 유형은 단지 인간의 능동적인 참여로만 형성되고 유지되는 것은 아니다. 왜냐하면 이와 같은 문화의 유형은 오히려 인간에게 "환상의 힘을 빌려 의지의 피조물들을 삶에다 굳게 얽어매고 그것들로 하여금 계속해서 살아가도록 강제하는 수단"(KSA 1, 117쪽)으로 작용하기 때문이다.

문화의 세 가지 유형 중 예술적 문화는 인간이 세계를 미적으로 해석하고자 하는 충동이 지배적인 문화이다. 인간은 예술적 문화를 통해 실존의 고통과 두려움을 세계에 대한 찬미로 고양시킬 수 있다. 이것은 예술적 문화가 삶과 세계의 본래적인 의미, 다시 말해 대지의 의미를 온전하게 드러낼 수 있는 토대라는 것을 의미한다. 니체는 이러한 예술적 문화의 특징이 역사적으로 그리스 문화를 통해 드러났다고 주장한다.

이러한 예술적·그리스 문화의 특징은 세계를 신화적 사유로 해석하는 것을 통해 나타났다. 니체는 신화적 사유가 세계를 도저히 어떤 원인과 결과로 설명할 수 없는 마치 기적과도 같은 사건의 연속으로 이해하는 것이라고 주장한다. 즉, 그리스인들은 세계의 수많은 현상, 예를 들어, 넓고 광활한 바다와 끝없이 펼쳐진 지평 그리고 뜨거운 태양과 밤을 밝게 비추는 달과 별의 작용들을 인과적 해석이 아니라, 경이의 감정으로 마주하였다. 따라서 그리스인들은 자신의 모든 경험을 신화적인 사유로 해석할 수밖에 없었고, 이런 그리스인들에게 그리스 신화는 이 기적과도 같은 세계를 설명하기 위한 유일한 장치이자 수단이다.

그리스인들은 세계를 신화와 같이 끊임없이 지속되는 시간 속에서 파악했으며, 자신들의 경험을 무시간적인 지속 안에서 파악했다. 니체는 그리스인들에게 세계 경험이 "가까운 현재조차도 그들에게는 바로 영원한 모습(sub specie aeterni) 아래 일정한 의미에서 시간과 무관한 것"(KSA 1, 147쪽)이라고 주장한다. 하지만 이러한 니체의 주장은 그리스인들의 세계 해석이 피안의 세계를 근거한다는 것을 의미하지 않는다. 그리스인들에게 세계는 무에서의 창조(creatio ex nihilo)가 된 것도 아니며, "신화로 둘러싸인 지평 안에서 문화의 운동 전체"(KSA 1, 145쪽)로서 시작과 무관하게 본래 존재하는 것이다.

니체는 이와 같은 그리스인들의 세계 해석이 그리스 비극의 주인공들의 삶을 통해 잘 드러나고 있다고 주장한다. 니체의 관점에서 그리스 비극의 주인공, 오이디푸스의 삶의 행적은 인과적인 사유를 통해서는 도저히 이해될 수 없었고, 오직 신화적 사유를 통해 수용될 수 있었다. 왜냐하면 아버지의 살해자이자, 어머니의 남편으로서의 삶은 평범한 인간의 삶이 아니기 때문이다. 따라서 오이디푸스의 삶은 이성적 질서에 대한 반항의 몸부림이다. 여기에서 오이디푸스는 신화적인 사유를 통해 인간에게 주어진 인륜적 질서와 개체화의 원리를 의미하는 스핑크스의 수수께끼를 해체시킨다.

니체는 인간이 이와 같은 오이디푸스의 삶을 통해 자신을 억압하고, 구속하는 모든 질서를 파괴하는 쾌감을 느낀다고 주장한다. 그러나 여기에서 중요한 것은 인간이 모든 문화의 질서를 직접 파괴하는 것이 아니라, 오이디푸스의 삶을 통해 파괴의 카타르시스를 체험하게 된다는 점이다. 이러한 파괴의 경험은 인간이 실존의 고통을 더 이상 외면하지 않고, 삶을 위한 자극제로 고양시킬 수 있는 토대를 제공한다. 따라서 니체의 관점에서 이러한 오이디푸스의 삶은 일종의 무한한 정화(eine unendliche Verklärung)의 상태이자, 신화적 세계 해석의 정수로 정의된다.

또한 이것은 그리스 비극의 주인공 프로메테우스의 삶을 통해서도 나타난다. 프로메테우스는 신과 거인족의 싸움(Gigantomachy)에서 자신의 종족이 아니라, 적대 관계인 신들의 왕 제우스의 신임을 얻는다. 그러나 프로메테우스는 신들과 거인족의 싸움이 끝난 후 인간을 동정하여 제우스가 숨긴 불을 인간에게 전달해 준다. 제우스는 이 사건으로 프로메테우스를 세상의 끝인 카우카소스(Kaukasos) 산에 헤파이스토스가 만든 쇠사슬로 결박하고, 프로메테우스에게 끊임없는 고통의 형벌을 내린다. 니체는 여기에서 프로메테우스가 인간에게 전해 준 불의 의미를 주목한다. 불은 인간의 문명 발전에 필수적 요소이기 때문이다. 그러나 원시 시대에서 인간은 번갯불이나 태양열과 같은 일종의 신들의 선물을 통해서만 불을 사용할 수 있었다. 따라서 인간이 불을 자유자재로 다스린다는 것은 불의 소유권을 신적인 대상으로부터 가져온다는 것을 의미했다. 그러므로 니체는 이러한 불의 문제가 최초의 철학적 문제로서, 인간과 신 사이에 풀 수 없는 고통스러운 모순을 의미한다고 주장한다.

니체의 관점에서 이러한 모순적 문제는 모든 문화의 입구에 하나의 바윗덩어리처럼 자리 잡고 있었다. 결국 인간은 불의 존재를 통해 신들의 질서로부터 벗어날 수 있었다. 그리고 이것은 질서를 파괴하는 디오니소스적 충동이 프로메테우스를 통해 실현된 것이다. 그러므로 니체는 이와 같은 프로메테우스의 삶을 다음과 같이 해석한다. "거인적 노력을 하는 개인은 필연적으로 신을 모독하게 된다는 점을 이해하는 사람은 동시에 이 염세주의 사상의 비아폴론적 성격 또한 느끼지 않을 수 없다. 왜냐하면 아폴론은 개체의 경계선을 긋고 개체들로 하여금 자신을 인식하고 절도를 지킬 것을 요구하며 가장 신성한 세계법칙으로서의 이 경계선을 거듭해서 상기시킴으로써 개개의 사물을 안정"(KSA 1, 70쪽)시키기 때문이다.

니체는 위 두 경우에서처럼 그리스 비극의 주인공들이 겪는 고통의 의미에 주목한다. 이것은 니체가 고통을 실존적 삶의 의미와 밀접한 관련성 속에서 해석하고 있기 때문이다. 즉, 니체에게 실존적 삶의 진정한 의미는 삶에 대한 그리스적 긍정을 의미한다. 여기에서 삶에 대한 긍정은 단지 '위험 없는 유쾌함'만을 지향하는 것이 아니라, 실존적 삶의 고통을 수용하는 것이다. 따라서 니체는 그리스적 명랑성이 근대에서처럼 쾌활함만으로 정의될 수 없다고 강조한다. 니체에게 그리스적 명랑성은 인간에게 주어진 삶이 유한하다는 사실과 이러한 유한한 삶이 고통스럽기까지 하다는 사실을 받아들이는 숭고한 삶의 태도이기 때문이다.[17] 결국 니체의 관점에서 예

---

17) 그러므로 니체에게 근대적 의미의 '그리스적 명랑성'은 "무거운 책임을 질 줄도 모르고 위대한 것을 추구하지도 않으며 현재의 것보다도 과거의 것이나 미래의 것을 높이 평가하지 않는 노예의 명랑성"이다. 양해림은 이러한 왜곡된 의미의 그리스적 명랑성을 이론적 인간의 명랑성이라고 규정한다. 여기에서 양해림은 이론적 인간의 명랑성이 "지식을 통한 세계 개선과 학문이 인도하는 삶을 믿지만, 실제로 개인을 극히 협소한 범위의 해결 가능한 과제 속에 가두어 두었다"고 지적한다. 이러한 이유에서 니체는 근대인들은 이러한 그리스인들의 염세주의를 이해할 수 없었다고 주장한다. 왜냐하면 근대인들은 디오니소스적 비극의 부재로 인해 인간의 근원적 충동과 여기에서 비롯되는 고통의 의미를 해석할 수 없었기 때문이다. 그리고 바로 이것이 바로 낙관주의 문화의 출발점으로 작용한다. 그리스적 명랑성에 대한 니체와 양해림의 논의는 Friedrich Nietzsche, 위의 책, KSA 1, 98쪽과 양해림, 「그리스 비극과 소크라테스 비판」, 『니체

술적·그리스 문화는 인간에게 실존적 고통이 자신에게 부여된 근원적 원죄라는 사실을 깨닫게 해주는 계기로 작용한다.

니체에게 인간의 삶은 문화라는 토대 위에 펼쳐지는 끊임없는 고통의 노정이다. 그러나 인간은 단지 고통 속에서 괴로워만 하는 존재가 아니라, 고통을 예술로 승화시켜 삶을 고양시킬 수 있는 존재이다. 그리고 이것은 예술적·그리스 문화에서 그리스인들의 삶을 통해 나타났다. 그러므로 여기에서 그리스인들의 삶은 아폴론적인 충동으로 인해 조화와 질서만을 추구하지 않았고, 디오니소스적 충동을 통해 모든 문화적 요소를 파괴하는 것의 의미를 예술적으로 실현시킨다. 따라서 니체의 관점에서 예술적·그리스 문화는 아폴론적인 충동과 디오니소스적인 충동의 조화가 실현된 상태이다.

소크라테스적·알렉산드리아적 문화는 아폴론적 충동의 과잉 상태를 통해 실현된다. 여기에서 아폴론적 충동의 과잉은 곧 세계를 논리적으로 인식하려는 충동의 과잉을 의미한다. 따라서 소크라테스적·알렉산드리아적 문화에서 인간은 세계를 더 이상 예술적·그리스 문화에서와 같이 신화적 사유를 토대로 해석하지 않는다. 이제 세계는 더 이상 신비와 경이로움의 대상이 아니라, 학문적 탐구를 위한 논리적 인식 대상이다.

니체는 소크라테스적·알렉산드리아적 문화에서 인간이 세계를 탐구의 대상으로 전락시키는 것의 배후에 자신의 인식 능력을 통해 세계의 가장 내적 본질까지도 인식할 수 있다는 일종의 망상이 전제되어 있다고 지적한다. 여기에서 인간은 자신의 이성적 능력을 "다른 어떤 능력보다 높이 평가하여 최고의 활동이자 자연의 가장

연구』 제16집, 한국니체학회, 2009, 50쪽.

경탄할 만한 선물"(KSA 1, 100쪽)로 간주한다. 인간은 이와 같은 사유를 바탕으로 자신의 인식이 곧 영원한 진리(aeterna veritas)에 도달할 수 있다고 믿는다. 인간은 자신의 이성을 기반으로 "모든 세계의 수수께끼를 인식하고 규명할 수 있는 것으로 믿을 뿐만 아니라, 공간·시간·인과율을 최고의 보편타당성을 지닌 무조건적인 법칙"(KSA 1, 118쪽)으로 인식한다. 니체는 여기에 바로 인간을 데카당스로 하강시키는 문화적 요소가 배후에 전제되어 있다고 보았다.

니체는 소크라테스를 이러한 소크라테스적·알렉산드리아적 문화의 상징이자, 이성중심적 사고의 기원이라고 주장한다.[18] 이것은 소크라테스로부터 형성된 이성중심적인 문화가 이전과는 전혀 다른 "아주 새로운 종류의 문화"(KSA 1, 89쪽)이기 때문이다. 니체는 소크라테스로부터 시작된 이성중심적 문화로부터 인간의 본능과 인간의 의식의 본래적인 역할은 전도된다고 지적한다. "모든 생산적인 인간에게는 본능이야말로 창조적이고 적극적인 힘이고 의식은 비판적인 역할을 하는 반면에, 소크라테스에게는 본능이 비판자가 되고 의식이 창조자가 된다."(KSA 1, 90쪽)

---

18) 니체의 소크라테스에 대한 평가는 각 시기마다 매우 상이하다. 그럼에도 불구하고 니체는 이성중심주의와 관련하여 소크라테스를 언급할 때 매우 일관된 모습으로 소크라테스를 평가하며, 부정적인 견해를 밝히고 있다. 따라서 여기에서 다음과 같은 물음이 제기될 수 있다. 즉, 니체가 해석하는 소크라테스와 역사적 인물로서의 소크라테스 사이에 거리감이다. Wiebrecht Ries 역시 니체에게서 묘사되는 소크라테스의 모습이 역사적 인물로서의 소크라테스와 일치하는가에 대한 문제에 대해서는 의문을 표하고 있다. 이와 관련하여 김용찬은 니체의 소크라테스 해석을 비판적으로 고찰한다. 즉, "소크라테스가 말하는 진정한 수사 속에서 정념과 지식, 열광과 통찰, 뮤즈의 여신과 철학자, 영원과 시간, 말과 사물의 내적인 통일 그리고 추상적 이론에 대한 구체적 행위의 우월성을 확인할 수 있었다. 그리고 이런 통일과 우월성은 소크라테스의 성격, 언어, 철학 속에 나타난 디오니소스와 아폴론적 충동의 통일을 반영하는 것이다." 다시 말해 역사상의 소크라테스는 니체의 비판과는 달리 본능과 의식의 대립을 초월해 있다는 것이다. 니체의 소크라테스 해석에 대한 논의는 Wiebrecht Ries, *Nietzsche und seine ästhesche Philosophie des Lebens*, Francke Verlag, Tübingen, 2012, 45쪽. 그리고 김용찬, 「니체의 소크라테스 해석에 대한 비판적 고찰」, 『한국정치연구』 21권 3호, 한국 정치연구소, 2012, 265쪽 참고.

소위 소크라테스의 다이모니온(Dämonion des Sokrates)이라고 정의된 내적인 신의 목소리는 니체에게 인간의 본능과 의식에 대한 역할의 전도 그리고 인간의 이성에 대한 무한한 신뢰의 가능성을 전제하려는 왜곡된 충동으로 해석된다. 그리고 니체는 이러한 왜곡된 충동이 인간에게 끝없는 인식욕(Erkenntnislust)에 대한 정당성을 부여한다고 주장한다.

이러한 정당성은 결국 인간이 자신의 능력에 대한 무한한 신뢰의 근거로 작용한다. 인간은 이제 자신의 이성적 능력이 어떠한 시간과 공간에도 제약 받지 않는다고 생각한다. 그리고 이것은 인간이 무제약적인 것에 대한 앎에 도달할 수 있다는 신념을 갖는 원인이다. 니체는 이러한 문화적 특징을 바로 인간의 이성이 "아무것에도 제약 받지 않는다고 망상하는 낙관주의"(KSA 1, 89쪽)라고 비판한다.

니체는 자신의 끝없는 인식욕을 근거로 오직 학문을 위해 자신의 삶까지도 희생시키는 인간을 이론적 인간(theoretischer Mensch)이라고 명명한다. 니체에 따르면 소크라테스와 같은 이론적 인간들은 "사물의 본성을 철저하게 규명할 수 있다고 믿으면서 지식과 인식에 만병통치약과 같은 효력이 있음을 인정하고 오류야말로 악 그 자체로서 파악"(KSA 1, 100쪽)했다. 따라서 이론적 인간들에게 세계는 오직 진리로서 의미와 가치를 가질 수 있었다.

이론적 인간의 끝없는 인식욕은 인과의 사슬을 무한으로 소급시켜 시간과 공간에 제약받지 않는 존재를 상정하거나, 자기원인(causa sui)과 같은 허구적 이념을 생성했다. 하지만 니체는 이러한 인식욕의 한계를 다음과 같이 지적한다. "학문은 그 강력한 망상에 의해 자극받으면서도 쉬지 않고 서둘러 달리면서 자신의 한계에 도달한다. 이러한 한계에서 논리학의 본질에 숨겨져 있는 낙관주의는 좌절된다. 왜냐하면 학문의 원주 위에는 무한히 많은 점들이 있으며 이 원주를 완전히 측정할 수 있는 방법이 전혀 보이지 않는데, 고귀하고 재능 있는 인간은 생애의 중반에 도달하기도 전에 불가피하게 원주의 그러한 한계점에 부딪혀서, 그곳에서 해명할 수 없는 것을 응시하게 되기 때문이다."(KSA 1, 101)

니체는 이론적 인간이 자신의 인식욕을 영원히 채울 수 없는 이유가 단지 인간의 유한한 삶 때문만은 아니라고 지적한다. 이것은 이론적 인간의 인식욕이 단지 명석판명한 진리를 산출하기 위한 것이 아니라, 오직 '진리'를 탐구하기 위해 존재했기 때문이다. 여기에서 인식욕은 마치 익시온의 수레바퀴처럼 영원히 멈추지 않고 대상에 대한 인식을 갈망한다. 따라서 니체는 "만일 학문에 다른 어떤 것이 아니라 저 발가벗은 하나의 여신(진리)만이 중요했다면 학문은 존재하지 않았을 것"(KSA 1, 98쪽)이라고 주장한다.

결과적으로 니체는 소크라테스적·알렉산드리아적 문화의 이러한 한계적 상황이 비극적 문화의 토대로서 제공된다고 주장한다.[19] "그가 여기에서 논리가 이 한계점에서 빙빙 돌다가 결국 자신의 고리를 무는 것을 보고 몸서리 칠 때 인식의 새로운 형태, 비극적 인식이 터져 나온다. 비극적 인식은 단지 견디기 위해 예술이라는 보호막과 치료제를 필요로 하게 된다."(KSA, 1, 639쪽) 따라서 니체에게 새로운

---

19) 정낙림은 이 점이 바로 니체의 소크라테스 비판의 핵심이라고 지적하며, 호르크하이머와 아도르노의 계몽에 대한 주장이 이미 니체에게 선취되고 있다고 주장한다. "이것이 니체의 소크라테스주의에 대한 비판의 핵심이다. 계몽의 역설이 또한 여기에 놓여 있다. 계몽은 스스로를 계몽하지 못하는 자기모순을 범했고 그것은 또한 계몽의 힘으로 불가능하다는 호르크하이머와 아도르노의 주장은 이미 소크라테스주의에 대한 니체의 비판 속에 분명히 드러나 있다." 이와 관련한 정낙림의 논의는 정낙림, 「현대는 소크라테스와 더불어 시작했다. 니체의 소크라테스 비판」, 『철학연구』 92권, 대한철학회, 2004, 404쪽.

문화의 출발점은 이전의 문화와 분절되어 있는 것이 아니다. 왜냐하면 니체는 자신이 비판적으로 평가한 소크라테스적·알렉산드리아적 문화에도 자신의 문화적 지향점인 비극적 인식의 가능성이 충동의 형태로 내포되어 있다는 점을 부정할 수 없기 때문이다. 그러므로 니체는 새로운 문화의 출발점으로서의 "형이상학적 충동은 삶으로 육박하는 학문의 소크라테스주의 속에서 비록 약화된 것이기는 하지만 하나의 정화된 형식"(KSA 1, 148쪽)으로 전제되어 있었다는 점을 인정할 수밖에 없다. 결국 니체에게 각 문화의 양상은 서로 각기 다른 충동의 혼합비를 통해 나타나는 것이지만, 이러한 문화의 양상은 각 단계로서 단절되어 있는 것이 아니라 서로 지양(Aufheben)하는 관계이다. 물론 여기에서 지양은 단지 무한한 상승을 의미하는 것이 아니라, 몰락(Untergang)과 상승(Übergang)의 끊임없는 반복을 의미한다.

니체는 비극적 문화의 특징이 예술적·그리스 문화에서처럼 신화적 사유와 밀접하게 연결되어 있다고 지적한다. 앞에서 언급한 바와 같이, 소크라테스적·알렉산드리아적 문화는 궁극적으로 인간의 인식욕에 대한 한계를 인식하는 계기로 작용했다. 니체는 칸트가 세계를 현상(Erscheinung)과 물자체(Ding an sich)로 구분하는 것 역시 이러한 인식욕의 한계를 드러내는 것이라고 주장한다.[20] 니체에게 칸트의 비판적 계승자인 쇼펜하우어의 사유도 이론적 인간의 끝없는 인식욕과 이성중심적 사유를 극복하려는 시도로 평가된다. "칸트와

---

20) 물론 니체는 칸트의 이러한 구분법에 대한 정당성에 대한 의문을 제기한다. 즉, "칸트는 '현상'과 '물자체'를 자기처럼 구분할 권리를 전혀 갖고 있지 않았다. - 그가 현상으로부터 현상의 원인으로의 추론을 허락하기 어려운 일로 거부했었던 한에서, 그런 낡고도 흔한 방식에 의해 앞으로도 여전히 구별할 권리를 손수 포기하고 있었던 것이다. - 인과율과 이 개념의 순수한 현상 내에서의 유효성이라는 그의 이해에 적합한 것이다.: 반면 이런 이해는 '물 자체'가 추론된 것이 아니라 주어진 것이기라도 하듯 저 구별을 선취하고 있다."고 주장한다.(KGW VIII 1 5[4], 189쪽 이하 참고.)

쇼펜하우어의 비범한 용기와 지혜는 가장 힘든 승리를 쟁취했다. 이러한 승리란 우리 문화의 기반인 저 낙관주의, 논리 본질 속에 깃들어 있는 저 낙관주의에 대한 승리였다."(KSA 1, 118쪽)

니체는 이러한 문화적 토대가 바로 비극적·불교적 문화의 출발점이라고 주장한다. 니체에 따르면 비극적·불교적 문화에서 인간은 더 이상 학문이 아니라, 지혜를 최고의 목적으로 삼는다. 물론 여기에서 지혜란 실존적 삶의 고통과 관련되어 있다. 즉, 니체에게 지혜란 "여러 학문들의 유혹적인 오도에 의해서 기만당하지 않고 확고한 시선으로 세계의 전체상을 응시하며, 이러한 전체상 속에서 영원한 고통을 보면서 그것을 동정적인 사랑의 감각에 의해서 자신의 고통으로 파악"(KSA 1, 118쪽)하는 것을 의미한다.

니체는 이러한 디오니소스적 지혜(dionysische Weisheit)가 삶에 대한 실존적 고찰의 계기라고 주장한다. 그리고 이것은 앞에서 언급한 바와 같이 신화적 사유의 토대이다. 결국 신화적 사유는 모든 문화의 창조적인 자연력과 밀접한 관련성을 제시하며, 건강한 문화는 오직 이와 같은 신화적 사유의 지평 아래 통일되고 완결될 수 있다. 결국 니체가 주장하는 비극의 재탄생(Widerreburt der Tragödie) 역시 신화적 사고의 부활을 의미한다.

그러므로 니체는 이러한 신화적 사고의 부재를 다음과 같이 비판한다. "신화 없는 인간은 영원히 굶주려서 모든 과거들에서 이리저리 땅을 파헤치며 뿌리를 캐내야만 한다고 해도 그렇다. 충족되지 않은 현대 문화의 저 거대한 역사적 욕구, 수많은 다른 문화들의 수집, 불타는 인식욕은 신화의 상실, 신화적 고향의 상실, 신화라는 어머니의 품의 상실을 의미하는 것이 아니라면 무엇을 의미하는 것이겠는가? 이 문화의 열병을 갖고 실로 섬뜩한 활동이 굶주린 자가

음식물을 탐욕스럽게 손을 뻗어 낚아채는 것과 다른 것인지를 자문해 보라!"(KSA 1, 145쪽)

니체는 이와 같은 문화의 데카당스가 소크라테스적 · 알렉산드리아적 문화의 말기와 예술적 · 그리스 문화의 말기에서 동일하게 나타났다고 주장한다. "우리는 이제 이와 같은 그리스 말기의 상태에 가장 뚜렷하게 접근하게 되었다. 똑같은 과잉의 지식욕, 똑같이 싫증을 모르는 발견자의 행복, 동일한 거대화, 세속화는 정점에 도달해 있고 그 외에도 고향을 상실한 정처 없는 방황, 타인의 식탁을 향한 탐욕스러운 쇄도, 경박한 현재 숭배, 혹은 둔감한 마취 상태의 세계 도피, 이 모든 것이 지금 이 시간(Jetztzeit)의 무상한 모습(sub specie saeculi) 아래 존재한다."(KSA 1, 149쪽)[21]

---

21) 그렇다면 여기에서 다음과 같은 물음이 제기될 수 있다. 그것은 니체에게 예술적 · 그리스 문화와 비극적 · 불교적 문화의 근본적인 차이점은 무엇인가에 대한 물음일 것이다. 왜냐하면 예술적 · 그리스 문화와 비극적 · 불교적 문화 모두 신화적 사유를 바탕으로 하고 있기 때문이다. 이상엽은 이와 관련하여 다음과 같은 의견을 제시한다. "초기 니체는 문화의 형태가 단계적으로 변화한다는 생각을 한 것처럼 보인다. 소크라테스적 · 알렉산드리아적 문화는 비극적 · 불교적 문화로 전환되고 이렇게 됨으로써 예술과 신화가 부활하게 되고 다시 예술적 문화의 탄생 가능성이 열리게 된다는 것이다." 결국 이상엽은 비극적 · 불교적 문화를 예술적 문화로 규정한다. 만약 이러한 구분을 받아들인다면, 니체의 문화유형에 대한 구분은 단지 시기적인 구분에 불과한 것으로 전락한다. 그러나 니체는 분명하게 문화의 유형을 문화의 자극제의 비율에 따라 구분하며, 이에 따른 문화 유형의 역사적인 예를 제시하고 있다. 특히 저자는 불교적 문화가 소크라테스적 · 알렉산드리아적 문화의 치료제로서 제시되지만, 문화의 유형이 제시되는 『비극의 탄생』에서 불교적 문화가 무엇인지 명확하게 제시되지 않는다는 점이 이러한 논란을 더욱 심화시킨다고 본다. 왜냐하면 이후 전개되는 니체의 저작들에서 불교에 대한 평가는 긍정적인 것과 부정적인 것이 혼재되어 있기 때문이다. 이와 관련한 논의는 이상엽, 앞의 책 29쪽.
또한 국내외 많은 연구자들 역시 니체와 불교에 대한 연구 역시 서로 대립되는 방향으로 전개되어 왔다. 박찬국은 이러한 연구의 방향을 다음과 같이 세 종류로 구분한다. "첫째, 니체와 불교 사이의 유사성을 강조. 둘째, 불교에 대한 니체의 부정적 태도를 수용하면서 니체와 불교 사이의 차이를 강조하는 연구. 셋째, 불교에 대한 니체의 부정적 평가를 불교에 대한 오해에서 비롯된 것으로 보면서도 니체와 불교 사이의 차이를 강조할 뿐 아니라 불교 입장에서 니체의 사상이 갖는 한계를 드러내면서 비판하고 있는 연구"이다. 박찬국은 여기에서 이와 같은 범주에 따라 불교와 관련된 국내외 연구들을 섬세하게 분류하고 있다. 니체와 불교에 대한 논의는 박찬국, 『니체와 불교』, 씨아이알, 2013, 25쪽 이하 참고.

# 2장

# 예술과 문화의 형식

## 1. 염세주의와 비극적 문화

니체에게 예술은 일종의 문화의 선형식(Vorform)이다. 이것은 니체에게 예술이 단지 예술 작품을 의미하는 개념이 아니라, 인간의 실존적 삶의 충동들이 표현된 문화의 형식이라는 것을 의미한다. 즉, 여기에서 문화는 인간의 근원적인 충동이 바로 예술이라는 삶의 지평을 통해 표현된 것이다. 이와 같은 맥락에서 니체에게 그리스 시대의 두 예술 형식, 다시 말해 그리스 비극과 그리스 희극(에우리피데스 비극)은 서로 상반된 특징을 지닌 문화의 형식이다.

니체에 따르면 그리스 비극은 소위 아티카 비극이라는 이름으로 그리스인들의 세계관과 밀접하게 연관되어 있다. 니체는 특히 그리스 신화에서 미다스 왕과 실레노스의 대화를 통해 그리스인들이 갖고 있는 삶에 대한 기본적인 태도를 엿볼 수 있다고 지적한다. 니체가 제시하는 미다스 왕과 실레노스의 대화는 다음과 같다. "미다스 왕이 디오니소스의 동반자인 현자 실레노스를 오랫동안 숲속에 붙잡지는 못한 채로 쫓아다녔다는 오래된 전설이 있다. 왕이 마침내 그를 수중에 넣었을 때 왕은 인간에게 가장 좋고 훌륭한 것이 무엇인지 물어보았다. 이 마신은 꼼짝도 하지 않고 굳어진 채 침묵하고 있었다. 그러다가 왕이 강요하자 마침내 껄껄 웃으면서 이렇게 대답한다. "하루살이 같은 가련한 족속이여, 우연과 고난의 자식들이여, 그대는 왜 듣지 않는 것이 그대에게 가장 이로운 것을 나에게 말하도록 강요하는가? 가장 좋은 것은 그대에게 불가능한 것이다. 그것은 태어나지 않는 것이며 존재하지 않는 것이고 무로 존재하는 것이다. 그러나 그대에게 차선의 것이 있다면 그것은 일찍 죽는 것이다."(KSA 1, 35쪽)

니체는 위 인용문에서 그리스인들에게도 실존적 삶은 무로 존재하거나 일찍 죽는 것이 더 좋을 만큼 고통의 연속이라는 점을 지적한다. 그러나 니체가 여기에서 이러한 인간의 실존적 고통을 지적한 의도는 모든 개체들의 삶이 단지 무미한 고통의 연속이라고 주장하는 쇼펜하우어적인 염세주의(Pessimismus)를 극복하기 위함이다. 니체는 오히려 그리스인들의 삶에서 실존적 고통이 독특한 존재론적 의미를 갖는다고 주장한다. 즉, 그리스인들은 삶을 고통의 연속으로 바라본다는 점에서 염세적이다. 그러나 이와 같은 그리스인들의 염세주의는 유럽의 니힐리즘(Nihilism)을 알리는 '약자의 염세주의'를 의미하지 않는다. 니체는 이러한 이유로 그리스인들의 염세주의를 '강자의 염세주의'라고 명명한다. 그리고 이것은 인간이 실존적 삶에서 드러나는 근원적 고통으로부터 더 이상 도피하거나 체념하는 삶의 방식을 의미하는 것이 아니라 오히려 실존적 고통을 직시하며, 이러한 고통 자체를 삶에 대한 자양분으로 승화시키는 태도를 의미한다.

니체는 이러한 그리스적인 염세주의의 근원이 바로 '디오니소스적 충동'이라고 주장한다. 물론 여기에서 '디오니소스적 충동'은 단지 순수한 디오니소스적 충동을 의미하지 않는다. 앞에서 언급한 바와 같이 순수한 디오니소스적 충동은 단지 개체화의 원리를 파괴하는 것을 목적으로 했기 때문에 그리스 비극이 갖는 진정한 의미, 다시 말해 인간의 삶을 위한 자극제가 될 수 없기 때문이다. 그러므로 여기에서 '디오니소스적 충동'은 원시적인 디오니소스적 충동을 보완하기 위해 또 다른 요소인 아폴론적인 충동과의 조화의 상태를 의미한다.

이러한 맥락에서 소크라테스적·알렉산드리아적 문화에서 문화의 데카당스를 야기했던 아폴론적 충동은 니체에게 단지 극복의 대상이 아니라, 디오니소스적 충동을 진정한 의미의 예술로 승화시키기 위한 필수 요소이다. 니체에 따르면 이러한 아폴론적인 충동의 역할은 마치 인간이 태양을 직접 바라보다 눈이 부셔 다른 곳으로 고개를 돌릴 때 눈을 보호하기 위한 치료제로서 나타나는 어두운 색깔의 반점과도 같다.

니체는 그리스 비극을 통해 이러한 '디오니소스적 충동'을 더 깊이 그리고 더 근원적으로 조망할 수 있다고 주장한다. "의지의 최고의 현상인 비극의 주인공이 파멸되는 것을 보면서 우리는 쾌감을 느낀다. 왜냐하면 주인공은 단지 현상일 뿐이며 주인공이 파멸한다고 해서 의지의 영원한 생명이 손상되지는 않기 때문이다."(KSA 1, 108쪽) 니체는 이러한 쾌감을 형이상학적 기쁨이라고 정의한다. 니체에 따르면 인간이 이와 같은 형이상학적 기쁨을 누릴 수 있는 이유는 디오니소스적 지혜가 아폴론적인 상징체계를 통해 나타났기 때문이다. 그 결과 그리스인들은 비극의 주인공과 완벽한 일체감을 느낄 수 있었다.[22]

따라서 그리스인들은 이와 같은 화합을 통해 실존적 삶, 다시 말해 유한한 인간적 삶의 현상이 아니라, 근원적으로 존재하는 삶, 영원하고 불멸하는 삶의 형태를 간접적으로 체험할 수 있었다. 니체는 "이렇게 마법에 걸린 상태에서 디오니소스적 열광자는 자신을 사티로스로 보고 사티로스로서 그는 다시 신을 바라본다. 다시 말해 그리스인들은 이러한 경험을 통해 디오니소스적 충동 속에 머무는 것이 아니라 자신의 눈앞에서 변하는 것을 보고 마치 자신이 다른 사람의 몸과 성격 속으로 들어간 것처럼 행동"(KSA 1, 61쪽)한다고 지적한다. 또한 니체는 이러한 형이상학적 합일이 "국가와 사회 그리고 개인들 간의 간격이 강력한 통일감정에 의해서 사라져 버리고 자연의 심장으로 되돌려진다는 것, 이것이야말로 디오니소스적 비극의 가장 직접적인 영향"(KSA 1, 54쪽)이라고 주장한다.[23]

　　니체는 이러한 형이상학적 화합이 그리스 비극 극장의 독특한 구조와도 밀접한 연관성을 갖는다고 주장한다. 그리스 비극 극장의 관객들이 느낄 수 있는 일체감은 "자기 주위의 모든 문화세계를 완전히 무시하고 무대를 만족스럽게 내려다보면서 자기 자신이 합창단의 일원"(KSA 1, 59쪽)인 것과 같은 몰입을 통해 가능한 것이라

---

22) 그럼에도 불구하고 니체는 이와 같은 상태가 "디오니소스 신이 아폴론적인 현상 속에서 객관화된 것이지만, 이 아폴론적인 현상은 더 이상 합창단의 음악처럼 '영원한 바다, 종횡으로 얽힌 실, 불타는 생명'이 아니며, 또한 디오니소스의 열광적인 시종이 신의 존재를 가까이에서 느낄 때 갖게 되는 저 힘, 단지 느껴질 뿐이며 형상되지 않는 힘"을 의미하지 않는다고 말한다. 이와 관련한 니체의 주장은 KSA 1, 64쪽 이하 참고.

23) 양해림은 그리스 비극의 이러한 비극적 사유가 바로 『비극의 탄생』의 핵심 개념이라고 주장한다. 다시 말해 그리스 비극의 본질은 "인간이 욕망하는 본성에 의해 여러 가지 모순을 만들어 버리는 존재임에도 불구하고 이 모순을 받아들이고 더욱 삶을 욕구하는 데 있다. 즉, 어떠한 고뇌에도 불구하고 삶을 시인한다는 것, 이것이 인간의 존재 본질이며, 그러한 생각의 중심에 '비극' 개념의 핵심"이 있다고 주장한다. 이와 관련한 양해림의 논의는 양해림, 『니체와 그리스 비극』, 한국문학사, 2017, 28쪽.

고 주장한다. 여기에서 그리스인들은 비극의 배우를 자신의 또 다른 분신으로 여길 수 있었다. "그는 사티로스로 변신한 가운데 자신의 상태의 아폴론적인 완성으로서 새로운 환영을 자기 밖에서 보는 것"(KSA 1, 62쪽)으로 조망하는 것이 가능했다. 결국 그리스 비극은 서로 이질적인 두 충동, 아폴론적인 것과 디오니소스적인 것을 화해시킬 수 있었는데, 이것은 그리스 비극은 "음악의 보편적인 효력과 디오니소스적 감수성을 지닌 청중 사이에 고귀한 비유인 신화를 넣고, 청중들에게 음악이 신화라는 조형적인 세계에 생기를 불어넣는 최고의 표현수단에 불과한 것 같은 착각"(KSA 1, 134쪽)을 불러일으키기 때문이다.

그러나 디오니소스적 충동과 아폴론적 충동의 형이상학적 화합은 단지 관객들에게 일체감을 주는 극장 때문만은 아니다. 그리스 비극의 관객들이 비극의 합창단과 일체감을 느낄 수 있었던 것은 그리스 비극의 관객들도 자신의 몸을 매개로 비극의 합창단과 근본적으로 동일한 충동을 느끼고 있었기 때문이다.[24] 즉, 그리스 비극의 관객들이 그리스 비극의 주인공인 프로메테우스, 오이디푸스가 겪는 디오니소스적 고통을 자신의 고통과 같이 느낄 수 있었던 것은 그리스 비극의 주인공이 겪는 고통이 모두 몸을 매개로 나타나는 인간의 공통적인 충동에 기반하고 있기 때문이다. 그러므로 몸

---

24) 김미기는 이와 관련해서 디오니소스적인 것과 몸의 관계를 다음과 같이 설명한다. 대립과 화해를 추구하는 디오니소스적인 것과 몸적 사유의 연관성은 니체의 초기의 철학에서 끌어내는 작업은, "힘에의 의지" 개념이 80년대 중반부터 니체 철학의 중심에 자리 잡기 시작했기 때문에 지금까지는 쉽게 설득력을 얻지 못했다. 그러나 『비극의 탄생』(1872) 시기부터 이미 예술과 삶, 인간과 자연에 대한 니체의 해석 속에서는 디오니소스적인 것이 몸적 사유를 바탕으로 하는 예술의 몸성화라는 맥락에서 사유되고 있음에는 의심의 여지가 없다. 이와 관련한 김미기의 논의는 김미기, 「감성과 자연의 명예회복 - 포이어바하와 니체의 몸개념을 중심으로」, 『니체연구』, 한국니체학회, 2004, 105쪽.

이라는 개념은 니체의 후기 예술론인 예술생리학 시기를 통해 시작되는 개념이 아니라, 전기 예술론인 예술가-형이상학 시기에도 이미 선취되어 있는 개념이다. 따라서 니체에게 그리스 비극은 실존적 삶의 고통과 화해가 몸을 통해 실현되는 과정으로 정의될 수 있다. 그리고 이와 같은 그리스 비극은 인간들의 근원적인 모순, 다시 말해 자신의 충동으로 인해 개체화의 속박을 넘어 유일한 세계의 본질을 뛰어넘고자 했던 인간의 이카로스적인 날갯짓이다.

## 2. 낙관주의와 희극적 문화

니체는 그리스인들의 염세주의가 그리스 비극이라는 예술의 형식과 공동체적인 운명을 공유했다고 주장한다. 니체에 따르면 그리스인들의 염세주의는 그리스 비극 정신의 하강을 계기로 낙관주의와 그리스 희극으로 변질된다. 그러나 이러한 낙관주의와 그리스 희극은 그리스 비극과 전혀 무관한 것으로부터 시작되는 것이 아니라 바로 염세주의와 그리스 비극으로부터 시작된 것이다. 따라서 니체는 그리스 희극의 내용과 형식이 그리스 비극과 유사하다고 주장한다.

그럼에도 불구하고 니체는 그리스 희극이 개체의 실존적 고통을 주인공의 화려하고 성대한 결혼과 같은 사건으로 위로하고자 한 것과 기계의 신(deus ex machina)과 같은 형이상학적 사유의 시각화 과정을 통해 그리스 비극의 본질을 훼손시켰다고 지적한다. 그뿐만 아니라 니체에 따르면 그리스 희극은 형식적인 측면에서 인간의 근원적인 예술충동이 아니라 등장인물의 언어적인 표현을 통해 논리성을 확보하는 것을 최우선적으로 고려했다. 이것은 니체가 에우리피데스를 비판하는 것을 통해 드러난다. 즉, 니체는 에우리피데스가 자신의 작품 속에서 등장인물의 신뢰성을 위해 "서막 앞에서 서사(Prolog)를 두고서 그것을 사람들이 신뢰할 만한 등장인물로 하여금 낭독"(KSA 1, 84쪽)했다고 주장한다. 니체는 에우리피데스의 이와 같은 시도가 작품에서 지식에 대한 전달을 최우선적 과제라는 것을 의미하는 것이라고 보았다.

또한 니체는 에우리피데스의 작품에서 무대의 주인공은 더 이상 디오니소스로 상징되는 영웅적인 능력의 소유자가 아니라, 평범한 인간의 모습으로 전락한다는 점을 주목한다. 왜냐하면 에우리피데스의 작품은 단지 인간의 일상적인 모습을 형상화시키는 것을 목표하는 것이 아니라 오직 이성중심적 사유의 화신, 소크라테스를 돋보이게 하는 장치로서 일반적인 인간을 배치하는 것이기 때문이다.

따라서 니체는 에우리피데스의 작품이 소크라테스의 사유를 뒷받침하기 위한 장치에 불과하다고 비판한다. 이것은 "비극예술의 적대자로서 소크라테스는 비극을 보지 않았지만 에우리피데스의 새로운 작품이 상영될 때만은 관객석에 모습을 나타내었다"(KSA 1, 89쪽)는 예화를 통해 우리에게 제시된다. 니체에 따르면 그리스 희극의 주인공들은 유덕하며 변증가로서 덕과 지식 그리고 신앙과 도덕 사이에서 흔들림 없는 소크라테스 그 자체였다.

결국 니체는 에우리피데스가 소크라테스의 복음을 전파하기 위한 대리인이며, 소크라테스가 이성중심주의를 설파하기 위한 가면이라고 결론짓는다. 즉, 에우리피데스의 희극은 "디오니소스적 상태의 유일한 표현이자 형상화이자 음악의 가시적 상징화이며 디오

니소스적 도취를 표현하는 꿈의 세계로서 해석될 수 있는 비극의
본질을 파괴"(KSA 1, 95쪽)한다. 니체는 그리스 희극이 더 이상
그리스인들에게 개체성의 상실을 통한 등장인물과 자신의 일체감이
라는 디오니소스적 예술의 효과를 줄 수 없었다고 강조한다. 왜냐
하면 에우리피데스의 연극은 그리스인들로 하여금 "그가 누구든 간
에 자신 앞에 놓은 것이 경험적 현실이 아니라 하나의 예술 작품을
늘 의식해야 한다고 생각"(KSA 1, 53쪽)하게 만들어 버렸기 때문
이다. 니체의 관점에서 이와 같은 사유가 예술을 삶으로 파악하지
않고 오직 이성적 인식의 도구로 사용한 그리스 희극의 결과물이라
고 주장한다.

  니체는 이와 같은 결과물을 바로 미학적 소크라테스주의(ästhetis
chen Sokratismus)라고 명명한다.[25] 니체에 따르면 이러한 미학적
소크라테스주의는 단지 예술의 영역에 국한된 것이 아니라, 문화
모든 영역으로 확대된다. 그리고 이러한 모든 문화의 학문화는 필
연적으로 이론적 인간을 양성했다. 앞에서 언급한 바와 같이 이론
적 인간에게 가장 중요한 것은 "진리 그 자체가 아니라 진리를 찾
는 행위 그 자체"(KSA 1, 54쪽)였다. 그러나 니체는 이와 같은 이
론적 인간의 이성중심적 낙관주의를 단호히 거부하며, 인간 이성의
한계를 다음과 같은 우화를 통해 제시한다. "수많은 태양계에서 쏟
아부은 별들로 반짝거리는 우주의 외딴 어느 곳에서 언젠가 영리한

---

25) 정낙림은 에우리피데스가 미학적 소크라테스를 잘 대변하고 있다고 지적한다. "이것은 새로운
   대립이다. 디오니소스적인 것과 소크라테스 적인 것." 그리스 비극의 발전에 대한 이러한 본질적
   인 대립과 더불어 니체는 소크라테스에게서 역사적인 "전환점"을 그리고 그것에서 출발하는 "완
   전히 다른 종류의 문화, 예술 그리고 도덕을 발견"했기 때문이다. 미학적 소크라테스에 대한 정
   낙림의 논의는 정낙림, 「현대는 소크라테스와 더불어 시작했다. 니체의 소크라테스 비판」, 『철
   학연구』 92권, 대한철학회, 2004, 398쪽 이하 참고.

동물들이 인식이라는 것을 발명해 낸 별이 하나 있었습니다. 그것은 '세계사'에서 가장 의기충천하고 또 가장 기만적인 순간이었습니다. 그렇지만 그것도 한순간일 뿐이었습니다. 자연이 몇 번 숨 쉬고 난 뒤 그 별은 꺼져갔고, 영리한 동물들도 죽을 수밖에 없었습니다."(KSA 1, 875쪽) 니체는 위 인용문을 통해 인간의 유한성을 강조한다. 그뿐만 아니라 니체에게 인간의 이성적 능력은 단지 "연약하기 짝이 없는 존재들을 한순간이나마 실존하기 위한 보조수단"(KSA 1, 876쪽)으로 정의된다.

따라서 이론적 인간들이 탐구한 추상화되고, 개념화된 개념의 미라(Begriffs-Mumien)는 실존적인 삶의 과정에서 아무런 도움을 줄 수 없었다. 결국 니체는 당대의 모든 "문화, 교양, 문명이라고 부르는 모든 것은 언젠가 한 번은 속일 수 없는 재판관인 디오니소스"(KSA 1, 128쪽) 앞에서 모두 새롭게 태어나야만 한다고 강조한다.

$\boxed{\text{3장}}$

# 예술과 문화의 주체성

## 1. 예술적 천재와 주체성

니체는 세계를 인간의 내면에 존재하는 근원적인 예술충동인 아폴론적인 충동과 디오니소스적 충동으로 파악한다. 따라서 니체에게 인간은 더 이상 이성중심적인 사유의 결과물을 합리적으로 공유하는 것이 아니라, 다양한 충동들로 형성된 예술 작품을 향유하는 존재이다. 그러므로 여기에서 중요한 것은 충동에 대한 문화적 해석이다.

니체는 문화로 형성된 예술충동과 관련하여 예술적 천재의 역할을 강조한다. 니체에 따르면 예술적 천재는 "위대한 시대처럼 엄청난 힘이 괴어 있는 폭발물"(KSA 6, 144쪽)처럼 충동을 문화로 발산하는 존재이다. 니체의 관점에서 예술적 천재에 의해 주도되지 않는 문화는 곧 획일적인 대중문화이다. 니체에게 대중문화는 폭발적인 문화 발전의 계기를 상실한 채 하강하는 데카당스 문화를 의미한다. 니체는 이러한 예술적 천재의 특징을 다음과 같이 제시한다. 첫째, 천재들은 자신의 안위나, 자신들에 대한 평가에 무관심할 뿐만 아니라, 시대와 같은 자신의 주변 환경에도 전혀 영향을 받거나 제약을 받지 않는다. 천재의 관심은 자신의 도덕성이나, 자신에 대한 타인들의 평가에 있는 것이 아니라, 오직 자신의 충동을 문화라는 매개를 통해 발산하는 것에 있기 때문이다. 둘째, 천재는 결코한 시대의 요청에 의해 탄생하지 않는다. 니체는 대중들이 천재에게 요구하는 것은 자신들의 모범이 될 수 있는 높은 도덕적 능력과 타인에 대한 희생이나 영웅심이지만, 천재의 관심사는 이러한 시대의 요구와 무관하다고 지적한다. 셋째, 천재의 능력은 학습할 수 있는 것이 아니다. 물론 니체는 천재가 아주 작은 문화적 자극을 통해 탄생할 수 있다고 주장한다. 따라서 니체의 관점에서 문화의 목표는 천재를 고양하는 것이다. 그러나 여기에서 주의해야 할 점은 이러한 문화의 자극이 천재들의 충동을 생성하는 것이 아니라, 충동에 대한 자극제로서 역할을 수행한다는 점이다.

물론 이와 같은 천재에 대한 사유는 니체만의 독창적인 사유가 아니라, 이전의 사상가들에게서도 사유의 단초를 찾아볼 수 있다. 특히 천재에 대한 사유는 영국과 프랑스의 사상가들의 영향으로 18세기 독일에서 이미 폭넓게 논의된 개념이었다. 따라서 니체의 천재 개념은 칸트와 쇼펜하우어의 천재 개념과 가족유사성(Familienähnlichkeit)을 갖는다. 그럼에도 불구하고 니체의 천재 개념은 칸트와 쇼펜하우어의 천재 개념과 달리 다음과 같은 특징을 갖는다.

칸트에게 천재는 일반적이고 특정한 규칙을 부여하고 산출할 수 있는 인식 능력의 소유자이다. 그러나 칸트는 규칙이 천재가 자유로운 창의력을 통해 부여하는 것이 아니라, 자연에 의해 부여된 것이고 주장한다. 따라서 여기에서 천재의 능력은 천재로부터 시작되는 고유한 것으로 규정되지 않는다. 그러므로 칸트의 사유에서 천재는 자연이 부여한 법칙을 매개하는 소극적인 의미를 갖는다. 즉,

칸트에게 천재의 작품은 이념(Idee)을 구체화시킨 것이며, 천재의 예술 작품의 존재의미는 다른 사물에 대한 모범적인(exemplarisch) 전형을 제시하는 것이다. 하지만 니체에게 천재의 능력은 그 자신만의 고유한 주체성을 갖는다. 따라서 여기에서 천재의 능력은 인간의 공통된 인식능력을 통해 보편타당한 이념을 조망하는 것이 아니라, 전적으로 자신의 몸에서 비롯되는 자신만의 예술 충동을 표현하는 존재이다.

그러나 쇼펜하우어의 천재 개념은 칸트와 달리 예술에 법칙을 부여하는 자가 아니라, "사물 자체, 즉 의지의 직접적이고 적절한 사물 자체인 이념"을 고찰하는 자이다. 쇼펜하우어에게 천재는 표상세계를 지배하는 법칙인 충분근거율에 얽매이지 않고, 개별적인 사물이 아니라 사물의 본질인 이념을 꿰뚫어 볼 수 있는 탁월한 관조(Kontemplation)의 능력을 갖고 있는 존재이다. 쇼펜하우어는 천재만이 이러한 관조의 능력을 통해 순수한 인식주관으로서 객관과 완벽하게 하나가 될 수 있다고 주장한다. 그러나 니체에게 천재는 주관과 객관의 대립을 초월한 존재를 의미한다. 따라서 니체는 쇼펜하우어의 천재 개념이 여전히 쇼펜하우어의 사유가 전승된 형이상학의 특징인 주관과 객관의 대립 속에 머물러 있다는 반증이라고 지적한다. 즉, 니체의 관점에서 쇼펜하우어가 예술의 영역에서 주관과 객관을 상정하는 이유는 주관과 객관의 대립을 하나의 가치척도로 사유하고 있는 것이다.

니체는 결국 쇼펜하우어의 천재 개념이 예술의 영역에서 주관과 객관의 대립을 극복할 수 없다고 주장한다. 왜냐하면 예술의 영역에서 주관과 객관이 대립적이라고 한다면 천재는 세계의 근원적 본질을 실현시킬 수 없을 것이기 때문이다. "예술을 분류하면서 쇼펜하우어도 여전히 주관적인 것과 객관적인 것의 대립을 하나의 가치 척도인 것처럼 사용하고 있지만, 우리는 여전히 주관과 객관이라는 대립 그 자체가 미학에서는 도대체 부적합하다고 주장한다. 여기에서 주체, 즉 욕구하고 자신의 이기적인 목적을 추구하는 개체라는 것은 예술의 적일 뿐이지 결코 예술의 근원이라고 생각할 수 없다. 주체가 예술인 한 그는 이미 자신의 개인적 의지로부터 해방되어 있으며, 진실로 존재하는 주체가 가상 속에서 자신을 구원하는 것을 자축하는 것을 돕는 개체가 된다."(KSA 1, 47쪽) 따라서 니체에게 천재는 예술에서 주관과 객관의 대립을 해소시킬 수 있는 유일한 존재로 정의된다. 즉, 천재는 주관과 객관의 대립을 해소시키고, 다시 말해 "예술적 창조행위를 통해 세계의 근원적 예술가와 융합되는 한에서 … 주체인 동시에 대상이고, 또 동시에 시인이자 배우이며, 관객"(KSA 1, 48쪽)이다.

니체는 그리스 비극의 서정시인들이 이러한 천재의 전형이라고 주장한다. 니체에 따르면 그리스 비극의 서정시인들은 자신이 창조한 작품 속 주관과 객관을 초월하는 근원적 존재, 다시 말해 진정한 의미의 '나'로 존재한다. 니체의 관점에서 그리스 비극의 주인공은 서정시인과 동일한 서정시인의 분신이다. "다만 이러한 '나'는 깨어 있을 때의 경험적·현실적 인간이 아니라 진실로 존재하는 유일한 자아 그리고 사물의 근저에 자리 잡은 영원한 자아"(KSA 1, 45쪽)이다. 따라서 니체에게 예술가로서의 서정적 자아는 절대 주관적으로 의욕하고 열망하는 주체로서 존재할 수 없었다. 그러므로 그리스 비극의 주체는 자기만의 이기적인 욕구를 충족시키기 위한

개체가 아니며, 개체는 예술의 근원이 아니라, 오히려 예술의 적이자, 방애물로 정의된다.[26]

## 2. 문화의 상승과 바그너

우리는 지금까지의 논의를 통해 니체가 근대를 시기적으로 소크라테스·알렉산드라이적 문화를 지나 비극적·불교적 문화가 시작되는 문화적 이행기로 규정한다는 점을 알 수 있다. 특히 근대 문화를 비극적 문화의 출발점으로 규정하는 니체의 이러한 평가는 독일 음악에 대한 다음과 같은 평가와 밀접한 관련성을 갖는다. 니체는 독일 음악이 "소크라테스적 문화에 의해서도 설명할 수도 변호할 수도 없다. 오히려 그것은 소크라테스 문화에 의해서 두렵고 설명할 수 없는 것으로, 압도적이고 적대적인 것"(KSA 1, 127쪽)이라고 주장한다. 여기에서 독일 음악은 곧 바그너의 예술을 의미한다. 이것은 니체가 바그너의 예술을 통해 비로소 비극적 사유가 부활할 수 있었다고 주장하기 때문이다.

니체와 바그너는 당대 문화의 비판적 인식과 그리스 문화에 대한 공통된 해석 그리고 새로운 문화의 형성에 대한 목표 의식을 일정

---

26) 물론 여기에서 다음과 같은 물음이 제기될 수 있다. 니체에게 서정적 자아가 아닌 자기 자신, 즉 주체로서의 '나'는 어떻게 존재하는가에 대한 문제이다. 니체는 진정한 의미의 예술을 세계 영혼이라는 근원적 일자가 자신의 근원적 고통을 서정시인의 충동 속에서 상징적으로 표현된 것으로 정의한다. 즉, 서정적 예술과 결합된 비예술적 주체는 마치 천재와 동일한 것으로 생각할 수 있지만, 이러한 천재가 아닌 '나'는 주관적으로 의욕하고 열망하는 서정시인으로 존재할 수 없다. 그러나 여기에는 여전히 천재가 아닌 '나'라는 주체의 존재는 해결되지 않은 채 남아 있다. 따라서 글쓴이는 니체에게 주체의 문제가 몸이라는 개념의 전제 없이는 해결될 수 없는 문제라고 본다. 그러므로 니체의 몸 개념은 단지 니체의 후기 예술론인 예술생리학의 시기에서뿐만 아니라, 전기의 예술론, 예술가-형이상학에서도 필수적인 요소로 전제되어 있다고 볼 수 있다.

부분 공유했다. 니체와 바그너는 근대 문화가 이성중심주의의 폐해로서 인과율에 대한 과도한 적용으로 인해 파편화되어 버린 개인들에게 나타난 질병과도 같은 문화라는 사실에 공감했다. 니체에 따르면 근대 문화는 비극적 요소의 결핍과 낙관적 요소의 과잉이라는 문제를 내포하고 있었다. 니체는 이러한 낙관주의를 다음과 같이 비판한다. "선한 이성은 다음과 같은 믿음 안에서 우리를 지켜준다고 한다. 즉 인류가 언젠가 궁극적인 이상적 질서를 발견하게 될 것이라는 믿음, 그리고 열대 지방의 태양처럼 언제나 같은 빛을 지닌 행복이 마찬가지로 잘 정렬된 것들 위로 비쳐야만 한다는 믿음 말이다."(KSA 1, 506쪽) 이러한 맥락에서 니체는 바그너의 예술 이전에 유행한 오페라를 그리스 희극과 동일선상에서 파악한다. 그것은 "오페라의 발생과 오페라에 의해 대표되는 문화의 본질에 숨어 있는 낙관주의가 무서울 정도로 빠르게 음악으로부터 그것의 디오니소스적 세계관을 박탈하고 그것에 형식을 가지고 유희하고 오락적인 성격"을 갖고 있었기 때문이다.

그러므로 니체는 이러한 낙관주의가 예술을 명료하고 논리적인 언어로서 표현하는 에우리피데스의 시도와 밀접하게 관련되어 있다고 보았다. 그리고 이와 같은 니체의 지적에는 이성중심적인 낙관주의를 언어의 본래적인 의미와 역할에 대한 한계로 인식하는 니체의 주장이 전제되어 있다. 니체에 따르면 근대의 언어는 이성중심주의로 인해 병들어 있었다. 이제 언어는 더 이상 인간의 본래적인 감정을 전달하지 못했고, 지나치게 개념적이고 추상적으로 변질되었다. 니체는 이를 다음과 같이 표현한다. "근대 문명의 짧은 기간 동안의 지나친 자기 확장으로 인해 언어의 힘은 고갈되고 말았다. … 즉 고통받고 있는 이들이 아주 소박한 삶의 곤경에 대해 더 이상 서로 소통을 나누지 못하고 있다. 곤경 속에 인간은 언어로 자신을 더 이상 표현해 내지 못하고 있으며 자신을 진실하게 전달하지 못하고 있다."(KSA 1, 455) 인간은 이성중심적인 사유 속에서 보편적인 개념들의 나열을 통해 타인과 의사소통을 시도한다. 그러나 니체는 이러한 인간의 시도를 다음과 같이 비판한다. "그들은 자기가 원래 무엇을 말하고자 했는지 잊어버리고 만다. … 그들은 자신의 불행을 행복이라고 명명하고 의도적으로 서로 연대하지만 불운을 겪게 된다."(KSA 1, 461쪽)

니체의 관점에서 바그너는 이러한 이성중심적 언어의 한계에 대한 극복을 시도한다. 이것은 바그너의 예술이 소크라테스와 같은 이론적 인간을 대표하는 인물을 주인공으로 내세우지 않기 때문이다. "바그너는 이론적 인간에게 도움을 구하지 않는다. 왜냐하면 이론적 인간은 본래 문학적인 것의 신화에 대해서 귀머거리가 음악을 이해하는 정도만 이해하고 있기 때문이다."(KSA 1, 485쪽)

니체는 모든 근원적 예술가들이 자신의 예술충동을 아직 어떤 대상을 개념적으로 사유하지 않는 상태의 언어적 표현, 다시 말해 범주적으로 형성되지 않는 감정의 원형을 예술 작품으로 표현한다고 지적한다. 따라서 니체의 관점에서 예술을 단지 이해와 인식의 대상으로 규정하는 이성중심적 사고와 이에 근거한 이성중심적인 언어관은 예술의 본질을 표현할 수 없었다.

니체는 바그너가 이러한 언어적 한계에 맞서 자신의 예술에서 인간의 몸과 음악의 적극적인 역할을 부여한다고 주장한다. 니체에 따르면 바그너는 언어극(Wortdrama)의 내적 결함에 대한 인식을 통해 극중의 모든 사건을 세 가지 요소, 다시 말해 음악, 몸짓, 언어를 통해 제시했다. 관객들은 이를 통해 자신들에게 전달되는 음악과 인물들의 몸짓 그리고 등장인물의 대사를 통해 등장인물의 내면을 하나의 현상으로 수용할 수 있었다. 니체는 이와 같은 작용들이 서로 방해받지 않으며, 동시에 일어나기 때문에 인간이 세계를 더 이상 파편적이고 분절화된 하나의 사건으로 이해하는 것이 아니라, 완전히 새로운 시선으로, 다시 말해 하나의 공통된 시선에서 사건을 조망할 수 있다고 주장한다.

니체는 인간이 이와 같은 바그너의 예술 작품을 통해 비로소 이론적 인간의 유형에서 탈피해 비극적 인간의 유형으로 고양될 수 있다고 주장한다. 그리고 여기에서 인간이 비극적 인간의 유형으로 거듭났다는 사실은 인간이 실존의 고통을 온전히 마주할 수 있다는 것을 의미한다. 니체는 이러한 이유로 바그너의 예술이 단지 독일 민족을 위한 예술 형식이 아니라, 미래에 도래할 인류 전체를 위한 예술 문화라고 강조한다. "(바그너의) 인간애의 지평은 너무 포괄적이어서, 그의 사건은 민족적 본질의 테두리에 집착할 수 없었다. 그의 사상은 모든 선량하고 위대한 독일인의 사상과 마찬가지로 초독일적이며, 그의 예술 언어는 많은 민족을 향해서가 아니라 인간을 향해서 말하고 있다. 미래의 인간을 향해서."(KSA 1, 505쪽) 니체는 바그너의 예술이 인간을 신화적 사유로 인도해 줄 수 있다고 주장한다. 이것은 음악과 신화적 사유가 니체에게 인간의 디오니소스적 충동에 대한 가장 적극적인 표현이었으며, 이 양자는 서로 분리될 수 없는 것이었기 때문이다.

니체는 고대 그리스 이후 이와 같은 관계가 왜곡되었고 지적한다. 니체에 따르면 이러한 관계의 왜곡은 근대 문화에서 신화적 사유를 단지 "그 놀랄 만큼 엄숙하고 신성한 남성적 본능을 완전히 박탈당한 채, 단지 위축된 민중의 아이들과 여자들이 장난스럽게 행복해하는 소유물"(KSA 1, 141쪽)과 같은 동화로 왜곡하는 것을 통해 드러난다. 그러나 이제 인간은 바그너의 예술을 통해 이러한 왜곡을 극복할 수 있는 길을 제공받을 수 있었다. "신화는 우리를 음악으로부터 보호해 주면서도 다른 한편으로는 음악에 최고의 자유를 준다. 음악은 이렇게 최고의 자유를 부여받은 것에 대한 답례로 비극적 신화에 사람들의 심금을 울리면서 강한 설득력을 갖는 형이상학적 의미를 제공"(KSA 1, 134쪽)한다.

이제 니체는 인간이 바그너의 예술을 통해 "이 사멸해 가는 신화를 이제 디오니소스적 음악의 새롭게 탄생한 영혼이 붙잡았던 것이다. 그리고 이 음악의 손 아래서 신화는 이제까지는 한 번도 보여주지 못했던 색채를 띠고, 형이상학적 세계에 대한 동경에 가득 찬 예감을 불러일으키는 향기를 내면서 다시 한번 꽃을 피우게 되었다"(KSA 1, 74쪽)고 주장한다. 특히 니체는 비극적 신화가 산출하는 쾌감과 바그너의 예술에서 나타나는 불협화음의 효과가 인간에게 동일한 미적 쾌감을 준다고 주장하는데, 이것은 양자가 몸을 기반으로 하는 예술충동이라는 공통된 토대를 갖기 때문이다. 니체는 인간이 이러한 디오니소스적 현상에 대한 새로운 반복을 통해 개체의 세계를 파괴하고 다시 건설하는 행위를 일종의 놀이(Spiel)라고 규정하며, 이것의 의미를 강조한다.[27] 물론 니

---

27) 정낙림은 놀이 개념을 니체 철학의 핵심 개념으로 제시한다. 정낙림에 따르면 놀이를 세계와 예술과의 관계성 속에서 파악하는데, 특히 "예술과 놀이에 관한 니체의 사유는 그리스 비극에 대한 자신의 해석에서 더욱 분명해진다. 그리스 비극은 꿈의 예술인 아폴론적인 것과 도취의

체는 훗날 바그너의 예술을 통해 그리스 비극에 대한 부활을 시
도한 자신의 시도를 실패로 규정한다. 왜냐하면 니체가 자신이 그
리스 비극의 부활이라고 규정했던 바그너 예술은 비극적 사유가
아니라, 오히려 이성중심적인 낙관주의의 토대에서 비롯된 것이라
는 점을 깨달았기 때문이다.[28]

　　예술인 디오니소스적인 것과의 놀이의 결과물"이라고 주장한다. 이것은 정낙림이 니체의 예술
　　충동 사이에서 벌어지는 투쟁을 놀이라는 관점에서 파악한다는 것을 의미한다. 니체의 놀이
　　개념과 관련한 정낙림의 논의는 정낙림, 『놀이하는 인간의 철학』, 책세상, 2017, 186쪽.

28) 이와 관련하여 김미기는 바그너의 예술이 니체가 원하는 미래의 인간상과 예술을 추구하기에
　　는 너무 현실적이었고 소시민적이라는 점을 지적한다. 결국 니체의 관점에서 바그너의 예술은
　　그리스 비극을 충분히 반영하지 못했으며, 단지 19세기의 자본주의적 산업화에 대한 증오와
　　개인적인 야망의 반영에 불과한 것이었다. 물론 니체는 훗날 바그너의 예술을 통해 그리스 비
　　극에 대한 부활을 시도한 자신의 시도를 실패로 규정한다. 왜냐하면 니체가 자신이 그리스 비
　　극의 부활이라고 규정했던 바그너 예술은 비극적 사유가 아니라, 오히려 이성중심적인 낙관주
　　의의 토대에서 비롯된 것이라는 점을 깨달았기 때문이다. 이와 관련하여 김미기는 바그너의
　　예술이 니체가 원하는 미래의 인간상과 예술을 추구하기에는 너무 현실적이었고 소시민적이
　　라는 점을 지적한다. 결국 니체의 관점에서 바그너의 예술은 그리스 비극을 충분히 반영하지
　　못했으며, 단지 19세기의 자본주의적 산업화에 대한 증오와 개인적인 야망의 반영에 불과한
　　것이었다. 이와 관련한 니체의 바그너 비판과 관련한 논의는 김미기, 「니체, 바그너 그리고 그
　　역사적 의미」, 『니체연구』 제7집, 한국니체학회, 2005, 202쪽.

# 2부

# 문화철학자로서,
# 역사

1장

# 역사와 문화의 데카당스

## 1. 교양속물의 역사해석

우리는 지금까지의 논의를 통해 니체가 문화를 인간 이성의 피조물이 아니라, 인간 내면에 존재하는 충동의 현상으로 규정하는 것을 알 수 있었다. 니체는 이러한 충동을 아폴론적인 것과 디오니소스적인 것이라는 상징을 통해 표현했다. 니체에게 인간의 행위는 이와 같은 충동의 실현이다. 그러므로 여기에서 인간의 충동은 모든 이성적 능력을 가능하게 하는 근원적인 원천이다.

니체는 아폴론적인 충동을 인간의 인식과 관련한 개체화의 원리와 이성적 욕구의 원천으로 규정하며, 디오니소스적 충동을 개체화의 원리와 같은 인식 충동을 비롯한 이성적 욕구를 파괴하려는 근원으로 규정한다. 니체는 여기에서 아폴론적 충동에 대한 디오니소스적 충동의 우위를 주장하는데, 이것은 아폴론적인 충동의 배후에 디오니소스적 충동이 자리 잡고 있다는 것을 의미한다.

물론 이러한 우위는 디오니소스적 충동이 아폴론적인 충동에 대한 가치론적 우위를 의미하는 것이 아니다. 왜냐하면 니체는 디오니소스적 충동의 극단, 다시 말해 모든 문화적 요소의 파괴를 추구하는 것이 아니기 때문이다. 따라서 니체에게 디오니소스적 충동과 아폴론적인 충동은 상호 보완적인 관계이다.

또한 니체는 인간의 실존적 삶 속에서 야기되는 수많은 충동이 바로 예술의 근원이라고 주장한다. 이와 같은 맥락에서 니체에게 예술은 문화의 선형식이다. 니체가 문화의 데카당스에 대한 치료제로서 고대 그리스의 예술 형식, 즉 그리스 비극을 제시한 것은 바로 이러한 사유가 전제되어 있다.

그러나 문화의 데카당스를 극복하고자 했던 니체의 시도는 단지 예술의 영역에서 국한되지 않고 문화의 다양한 영역을 통해 전개된다. 특히 니체는 역사에 대한 비판을 통해 새로운 문화를 정초하고자 한다. 이것은 니체에게 역사가 단순히 학문적 대상이 아니라 인간의 실존적 삶이 다른 인간과 관계 맺는 것을 의미하기 때문이다. 니체에 따르면 인간은 역사를 통해 과거, 현재 그리고 미래를 하나의 지평에서 마주할 수 있다. 따라서 니체는 당대의 역사가 다른 문화의 영역에서와 마찬가지로 삶을 위한 것이 아니라, 오직 학문을 위한 것이라고 주장한다.

니체는 특히 근대 독일인들에게 이와 같은 학문적 성향이 두드러지게 나타났다고 지적한다. 니체에 따르면 19세기 후반 독일은 프로이센 제국의 독일 통일, 오스트리아, 프랑스와의 전쟁의 연속적인 승리를 통해 자신들의 문화 전반에 대한 우월감에 도취되어 있었다. 당시 독일인들은 자신들의 문화를 "가장 좋은 문화의 씨앗이 도처에 뿌려져 있거나 어린잎이 나오고 있고, 어떤 것은 이미 여기저기서 꽃을 피우고 있다"(KSA 1, 161쪽)고 평가했다.

하지만 니체의 관점에서 독일인들의 이와 같은 문화적 우월감은 다음과 같은 모순을 내포하고 있었다. 이것은 "설령 두 문화가 서로 싸움을 했다고 하더라도 그 승리를 거둔 문화의 가치를 재는 척도는 항상 상대적일 것이며, 사정에 따라서 그 척도가 승리를 환호하거나 자기 미화할만한 것"(KSA 1, 160)은 아니기 때문이다. 물론 여기에는 문화가 인간의 충동들이 끊임없이 투쟁하는 일종의 지평이며, 문화의 본래적인 목적은 인간의 삶을 고양하는 것에 있다는 니체의 사유가 전제되어 있다. 따라서 니체에게 문화의 우열은 단지 영토의 정복과 피정복으로 구분할 수 있는 것이 아니다. 왜냐하면 니체의 관점에서 영토의 상실은 오히려 문화를 고양시킬 수 있는 계기로 작용될 수 있으며, 영토의 확장이 문화를 데카당스로 하강시킬 수 있는 계기로 작용할 수 있기 때문이다.

특히 니체의 관점에서 당대 독일은 계속되는 전쟁의 승리를 통해 다양한 지역의 문화의 형식들이 전리품처럼 쌓여 있었고, 물질적인 측면에서도 상당한 풍요를 누리고 있었지만, 다른 어떤 곳보다 열등한 문화였다. 이것은 니체가 문화를 "무엇보다 어떤 민족의 삶의 표현에서 나타나는 예술적 통일"(KSA 1, 163쪽)로 규정하는 것에서 기인한다. 즉, 니체는 문화의 내용과 형식의 일치를 중요하게 여긴다. "문화가 있다고 인정받는 민족은 진정한 의미에서 살아 있는 일체여야 하며, 그렇게 비참하게 내면과 외면으로, 내용과 형식으로 분열되어서는 안 된다. 한 민족의 문화를 추구하고 장려하는 사람은 이 높은 통일성을 추구하고 장려하며, 진정한 교양을 위해 현대적 교양을 파괴하는 데 동참"(KSA 1, 274쪽)해야만 했다. 그러나 니체는 당대 독일 문화가 이러한 자신만의 고유함을 상실한 채 다른 문화의 양식에 지나치게 의존하고 있었다고 지적한다. 따라서 독일 문화는 니체에게 진정한 의미의 문화가 아니라, 단지 지속적으로 정당화된 야만, 다시 말해 진정한 문화로 고양되지 못한 문명의 일종이다.

물론 여기에서 니체가 주장하는 내용과 형식의 통일성은 단지 문화의 획일성이나 보편성을 의미하는 것이 아니다. 왜냐하면 당대 독일인들의 문화적 우월감의 토대는 모든 문화의 동일성을 추구한다는 점에 있었고, 니체의 관점에서 이러한 것들, 다시 말해, "엄격한 군기, 천성적인 용감성과 지구력, 지휘자의 탁월성, 지휘 받는 사람들의 통일과 복종, 간단히 말해 문화와는 전혀 상관이 없는 요소"(KSA 1, 274쪽)들이기 때문이다.[29)]

니체는 근대 독일인들의 이런 태도를 교양속물(Bildungsphilister)이라는 이름으로 비판한다. 특히 니체에게 교양속물의 전형으로 비판의 대상이 되는 것은 바로 다비드 슈트라우스(David Strauss)이다. 니체가 전개하는 다비드 슈트라우스에 대한 비판의 핵심은 다음과 같이 요약될 수 있다. 첫째, 니체는 슈트라우스의 주장이 당대 헤겔주의자들과 같이 평범함에 대한 신격화를 내포하고 있다고 지적한다. 따라서 니체의 관점에서 슈트라우스의 주장은 힘에의 의지의 쇠퇴를 야기하는 것이었다. 둘째, 니체는 슈트라우스의 종교관을 비판하는데, 신이 모든 것의 근원이라는 것에 대한 근거와 모든 것의 근원이 신앙과 숭배의 대상이 될 수 있는지에 대한 의문을 제기한다. 셋째, 니체는 슈트라우스가 학문을 통해 인간의 모든 문제

---

29) 물론 니체의 이와 같은 문명 비판은 니체 자신이 문화와 문명을 엄밀하게 구분하지 않았다는 점에서 비판의 정당성에 대한 의문을 제시할 수 있다. 즉, 앞에서 언급한 바와 같이 니체는 문화와 문화가 서로 다른 방향성을 갖고 있다는 사실을 인정한다. 그러나 니체에게 문화는 단지 문명적 요소의 배제를 통해 도달할 수 있는 반문명적 상태를 의미하는 것이 아니다. 따라서 여기에서 니체가 문명을 데카당스적 문화를 비판하기 위한 개념으로 사용하는 것은 인간을 가축으로 길들이기 위한 수단으로 전락시킨 근대 문화와 밀접한 관련성 속에서 해석되어야 한다.

를 해결할 수 있다고 주장하는 것에 대해 비판적 태도를 유지한다. 니체는 슈트라우스와 같은 교양속물들의 사고가 문화를 빠르게 하강시킨다고 지적한다. 왜냐하면 그들의 사고는 "힘이 있고, 창조하는 모든 사람의 장애, 회의하고 방황하는 모든 사람의 미궁, 피로에 지친 모든 사람의 수렁, 높은 목표를 추구하는 모든 사람의 족쇄, 싱싱한 모든 새싹을 해치는 안개, 탐구하며 신생을 갈망하는 독일 정신을 말려 죽이는 사막"(KSA 1, 167쪽)과 같은 역할을 했기 때문이다.

니체에 따르면 이러한 교양속물은 당대 독일 문화에 대한 일종의 지배자 역할을 수행했다. 당대의 교양속물은 문화에 대한 학문적 탐구를 통해 스스로를 예술적 뮤즈의 후예이자, 진정한 문화인으로 정의하며, 대중들에게 자신의 사상적 지배력을 공고했다. 니체는 이 점을 다음과 같이 묘사한다. "자신의 '교양'이야말로 진정한 독일 문화의 당당한 표현이라고 확신한다. 그리고 그는 도처에서 자기와 같은 종류의 교양인을 발견한다. 모든 공공시설과 학교, 교육 및 예술기관이 자신의 교양 수준에 맞게 그리고 자신의 요구에 따라 설치되어 있으므로 그는 자기가 지금 독일 문화의 존경받을 만한 대표자라는 우쭐한 감점을 품고 곳곳을 돌아다니며, 이에 상응하는 주장과 요구를 한다."(KSA 1, 165쪽) 그러므로 니체에게 교양속물은 소크라테스와 같은 이론적 인간의 일종으로 정의된다. 니체에 따르면 그들은 "마치 굶어 죽어가고 있는 것처럼 학문의 탁자로부터 아무런 선택도 없이 탐욕스럽게"(KSA 1, 202쪽) 문화를 소비했다.

교양속물의 이와 같은 인식욕은 대중들이 스스로 사유하지 않는 문화적 분위기를 형성한다. 따라서 대중들은 이제 "모든 문화와 취향에 관한 최고의 판단을 학자의 손에 맡기고, 스스로를 예술과 문학과 철학에 관한 학문적 의견들의 편람"(KSA 1, 205쪽)으로 전락시킨다. 이제 대중들은 더 이상 스스로 사유하지 않았고, 오히려 사유하지 않음을 통해 안락함을 느꼈다. 누구도 자신의 편협과 무지에 대해 비판하지 않았다. 니체는 이와 같은 문화적 분위기 속에서 모든 학문의 역사화가 시작되었다고 지적한다. 그들에게 역사는 "연구를 배우지 않은 사람이라도 매력적이고 통속적으로 저술된 일련의 역사책을 통해 손쉽게 이해"(KSA 1, 178쪽)되었기 때문이다. 이제 그들은 모든 학문 일체를 "역사학으로 변화시키려 했다. 그들은 역사의식을 통해 스스로를 열광에서 구원"(KSA 1, 169쪽)했다.

니체는 인간이 실존적 삶의 총체인 역사를 단순한 사건의 종합으로 인식하는 태도가 결국 자신의 삶을 탐구의 대상으로 인식하는 태도와 동일한 것이라고 지적한다. 니체는 이와 같은 대중들의 태도가 결국 자신의 "실존이 절망적이고 걱정스러운 사태가 아니라 영원히 지속이 보증된 확고한 소유물인 것처럼 행동"(KSA 1, 203쪽)을 야기한다고 보았다.

물론 니체는 이러한 왜곡된 역사인식의 배후에 존재하는 동일성(Identität)에 대한 인간의 갈망 자체를 부정하지 않는다. 니체의 관점에서 인간은 타인과의 동질감을 통해 자신의 실존적 불안으로부터 도피하고자 했다. 따라서 교양속물과 대중들이 갖고 있는 동일성에 대한 충동은 인간의 보편적인 충동으로 정의될 수 있다. "주위에 온통 동일한 요구와 유사한 견해들이 있다는 것을 알아챈다. 그가 어디로 가든, 종교와 예술을 비롯하여 많은 사물에 관한 암묵적 협정의 끈이 금방 그를 둘러싼다. 이 인상적인 동일성, 명령을 받지 않았는데도 즉시 터져 나오는 전체 합주는 여기에 하나의 문화가 지배하고 있다는 것"(KSA 1, 166쪽)이다. 그러나 니체는 인간이 이러한 동일성에 대해 갈망하는 것은 데카당스라고 주장한다. 왜냐하면 니체의 관점에서 진정한 의미의 문화는 근원적으로 힘의 차이, 즉 거리의 파토스(Pathos der Distanz)에서 비롯되는 것이기 때문이다. 그러므로 니체에게 역사는 더 이상 학문적 대상으로서가 아니라, 인간과 세계의 끊임없는 관계성의 지평에서 정의되어야만 했다.

그러나 니체의 이러한 바람과는 달리 하나의 분과 학문으로서 역사는 영원히 해결될 수 없는 주관과 객관의 대립이 은폐되어 있었다. 특히 니체는 오귀스트 콩트(Auguste Comte)와 같은 실증주의자적인 역사인식 속에서 주관과 객관의 대립을 발견한다. 콩트에게 역사는 발전, 진보와 같은 일종의 목적론적인 관점에서 정의된다. 특히 콩트는 자신의 시대가 역사 발전의 정점인 자연학적 학문 단계에 도달했다고 주장한다. 여기에서 자연학적 학문 단계는 인물이나, 민족의 특정 시기를 서술하는 종교의 단계를 지나 체계적인 학문의 태동기인 형이상학 단계를 기반으로 실험과 관찰을 토대로 전개되는 학문의 절정을 의미한다. 따라서 랑케에게 역사학에서 최우선적으로 고려해야 하는 것은 개별적인 역사의 사실성이었다. 즉, 역사가의 목표는 있는 그대로의 역사(wie es eigentlich gewesen)를 완전한 객관성(völlige Objektivität)으로 제시함이다. 랑케의 이와 같은 역사인식은 과거의 사실이 역사가의 서술 이전에 이미 완벽한 객관성으로 존재하며, 역사가가 이와 같은 역사적 사실을 완벽한 상태의 객관으로 재현하는 것이 가능하다는 신념이 전제되어 있다.

하지만 니체는 이와 같은 랑케의 주장을 수용하지 않는다. 왜냐하면 랑케의 주장은 마치 철학에서 사물의 본래적인 본성인 물자체(Ding an sich)에 대한 인식이 가능하다고 주장하는 것과 같기 때문이다. 즉, 누군가에 의해 기록된 사실과 실제로 일어난 사건 사이에는 필연적으로 어떤 간극이 존재할 수밖에 없었다. 따라서 니체에게 객관적 사실 그 자체는 인간과 관계 맺을 수 없으며, 인간이 인식한 역사는 객관적 사실 그 자체로 타인에게 전달될 수 없는 것이었다. 따라서 니체는 콩트와 같은 실증주의자들의 주장을 다음과 같이 비판한다. "역사가들은 과거의 견해와 행위를 현재의 일반적 견해의 잣대로 재는 것을 '객관적'이라 부른다. 여기서 그들은 모든 진리의 규약을 발견한다. 그들의 작업은 과거를 시대적인 천박성에 적응시키는 데 있다. 그에 반해 그들은 저 통속적인 견해를 규준에 맞지 않는다고 생각하는 역사서술을 '주관적'이라고 부른다."(KSA 1, 289쪽) 즉, 니체는 이와 같은 실증주의자들의 주장에 객관을 향한 인간의 욕망이 투영되어 있다는 점을 지적한다.


## 2. 교양속물과 대중문화

니체는 역사가 오직 인간에 의해 해석된 사건으로 존재할 수밖에 없다고 주장한다. 따라서 인간은 오직 자신의 충동에 근거해 과거의 사건을 해석한다. 니체는 이와 같은 인간의 역사해석이 갖는 위대함을 다음과 같이 제시한다. "현재가 가진 최고의 힘으로부터 너희는 과거를 해석할 수 있다. 너희의 가장 고귀한 특성들을 가지고 전력을 다해야만 너희는 지나간 것 속에서 알 만하고 보존할 만하고 위대한 것이 무엇인지 알아낼 수 있을 것이다."(KSA 1, 293쪽) 또한 니체는 역사가 철저하게 주관의 해석이라는 점에서 역사의 합목적성과 같은 목적론적인 사고를 단호히 거부한다. 니체에게 역사는 "자신의 개별적인 필연성을 가지고 있으며, 그래서 수백만의 방향들이 직선이든 곡선이든 평행으로 달리다가 서로 교차하고 서로 촉진하고 방해하며, 앞으로나 뒤로 나아가려 애쓰며, 그렇게 함으로써 서로에게 우연의 성격"(KSA 1, 291쪽)을 갖는 것이다.

니체는 이와 같은 이유에서 헤겔류의 역사인식을 비판한다. "독일은 역사적 낙관주의가 태동한 장소가 되었다. 거기에는 헤겔의 책임이 있을 것이다."(KSA 8, 57쪽) 니체의 관점에서 헤겔의 역사인식은 시간과 공간으로부터 벗어난 주체를 전제하고 있었다. 실제로 헤겔에게 세계사는 주관성의 일종인 보편의식이 점진적으로 드러나는 과정이다. 다시 말해, 헤겔의 역사는 개별적인 사건보다 이성의 반성적 표상을 통해 나타나는 시대의 정신(Geist der Zeit)을 고찰하는 것을 목적으로 한다. 니체는 헤겔의 역사인식으로 인해 인간이 역사를 예술과 종교와 같은 모든 정신적인 것을 대체물로 인식할 뿐만 아니라, 유일하게 자주적인 것으로 파악한다고 지적한다. 그 결과 역사는 이제 "스스로 실현하는 개념이며, 또 민족정신의 변증법이자 최후의 심판"(KSA 1, 309쪽)으로 왜곡되며, 인간에게 '그렇게 하면 안 된다', 또는 '그렇게 하지 않았어야 한다'와 같은 도덕과 부도덕에 대한 보편성의 편람으로 전락했다. 그러나 니체에게 이와 같은 보편성의 편람으로서의 역사는 역사의 본래적인 의미를 퇴색시키는 것이었다. 일단 니체는 역사의 의미와 가치에 대한 보편성을 인간이 시간과 공간에 제약되지 않는 가장 속에서만 가능하다고 지적한다. 그리고 이것은 "무의식중에 철학자들이 인간이란 영원한 진리이며, 온갖 소용돌이 속에서도 불변하는 존재, 사물의 정확한 척도라는 생각"(KSA 2, 24쪽)을 한 결과라고 주장한다.

그러나 니체의 관점에서 인간은 극히 제한된 시기의 인간에 대해서만 지식적 체계를 쌓을 수 있었다. 따라서 니체는 역사를 객관과 주관의 대립을 넘어서 오직 인간의 실존적인 삶과의 연관성 속에서 논의해야만 한다고 주장한다. 다시 말해 니체에게 역사는 결코 객관적 사실로 존재할 수 없으며, 시간과 공간을 초월한 주체의 의식 속에 존재하는 것도 아니라, 오직 과거와 끊임없는 상호작용 속에 미래와 마주하는 '지금 여기'라는 시간과 공간의 지평이다.

니체는 인간의 역사에 대한 이와 같은 왜곡이 자신의 삶과 행위의 안락함을 추구하는 결과를 야기했다고 주장한다. 그리고 이러한 사유의 안락함이 자신의 모든 삶의 영역을 역사적 지식의 대상이라는 엄청난 양의 지식의 돌멩이로 변질시켰다. 니체는 인간이 삶의 과정에서 무한하게 생성되는 역사적 지식의 속도를 따라잡을 수 없으며, 이 속도감은 인간을 세계에 대한 진지한 고찰을 수행할 수 없게 만든다고 주장한다. 결국 이런 역사인식의 과잉은 인간이 세계를 스스로 사유하지 않고 타인에게 의존하는 과정을 통해 스스로를 대중으로 전락시킨 원인이다. 니체에게 이런 대중의 삶은 자신의 삶이 성숙되기 이전에 역사적 지식을 생산하는 공장의 부속품으로 전락한 것을 의미한다. 대중은 "성숙되지 않도록 보편적인 공리의 공장에서 일해야만 한다. - 왜냐하면 성숙은 노동 시장에서 상당량의 힘을 빼앗는 사치이기 때문이다."(KSA 1, 299쪽) 대중은 이와 같은 과정을 통해 시대의 목적에 맞게 길들여진다.

니체에 따르면 대중은 역사의식의 과잉을 통해 자신의 시대가 어떤 시대보다 정의로운 시대라는 착각 속에 빠진다. 이것은 대중에게 정의 역시 객관성과 동일한 의미를 갖기 때문이다. 니체는 "공동의 경험적 진리는 한 방울도 자기 내면에 갖고 있지 않았지만 객관성이라는 칭호를 강력하게 주장할 수 있는 역사서술도 상상할 수 있다"(KSA 1, 290쪽)는 말로 대중을 비판한다. 그러나 앞에서 언급한 바와 같이 역사의 객관성은 단지 개인적인 신념에 부여한 허구적 이념이었다. 즉, 역사의 객관성은 "모든 것을 연결하여 사유하고, 낱개로 전체를 엮는"(KSA 1, 290쪽) 과정을 통해 형성된 개인적인 신념에 불과한 것이다. 니체는 바로 이와 같은 신념을 통해 대중이 결국 자신의 유한성을 망각할 수밖에 없었다고 지적한다. 다시 말해, 지속적으로 쌓여가는 방대한 양의 역사적 교양이 객관적이라는 사고는 대중이 자신의 삶도 무한할 것이라고 생각하는 계기로 작용했다는 것이다.

니체는 이와 같은 사유가 라틴어 경구 '죽음을 기억하라(memento mori)'라는 표현의 의미 변화 속에서 잘 드러나 있다고 지적한다. 니체에 따르면 이 경구는 본래 개체의 실존과 관련된 '개체의 유한성'에 대한 경구였다. 그러나 역사인식의 과잉으로 인해 경구의 의미는 중세적인 의미, 다시 말해 '역사로서 기록되는 삶'이라는 의미로 변질된다. 이것은 대중에게 죽음이 개체로서의 실존적인 삶의 절멸이 아니라, 역사로 기록되는 삶의 일부분을 의미하기 때문이다. 즉, 여기에서 대중의 삶은 역사의 일부분일 뿐이다. 니체는 이러한 삶에 대한 인식이 개체적인 삶의 파괴를 의미한다고 비판하며, "이런 의미에서 우리는 여전히 중세에 살고 있으며, 역사는 여전히 가면을 쓴 신화"(KSA 1, 305쪽)에 불과하다고 주장한다.

또한 니체는 이러한 역사인식의 과잉이 역사에 대한 숙명론적 태도와 세계의 종말을 전제하고 있다고 지적한다. 대중은 역사인식의 과잉을 통해 역사를 일종의 발전 과정, 다시 말해 목적론적 과정의 일부로서 수용한다. 그리고 여기에서 역사에 대한 목적론적 태도는 필연적으로 미래의 어떤 것이 '될 수밖에 없다'는 숙명론을 야기한다. 이와 같은 숙명론을 통해 대중은 "지금 있는 대로 될 수밖에 없었고, 인간은 현재의 사람들의 모습"(KSA 1, 312쪽)일 수밖에 없는 것으로 세계를 인식한다. 결과적으로 니체는 이런 숙명론이 "논리적인 것과 비논리적인 것에 대해 완벽한 승리를 거둔 것은 세계 과정의 시간적인 종말, 최후의 심판"(KSA, 318쪽)을 전제하고 있다고 주장한다.


## 3. 교양속물과 교양교육

니체는 『비극의 탄생』에서 교육과 역사의 문제를 결부시킨다. "어떤 민족이 역사학적으로 사고하기 시작하면서, 신화라는 자기 주위 보루를 파괴하기 시작하면서 정반대의 일이 벌어진다. 보통 모든 윤리적 귀결에 있어서 결정적인 세속화, 이전의 자신의 삶을 무의식적으로 떠받치고 있던 형이상학과의 결렬이 그것과 직결되어 있다."(KSA 1, 148쪽)

특히 니체는 역사인식의 과잉을 야기한 역사학적 사고가 교육기관의 이성중심적인 교육과 밀접하게 관련되어 있다고 주장한다. 즉,

니체의 관점에서 그리스 시대 이후 모든 교육기관은 '이론적 인간'의 양성소였다. 니체는 이러한 '이론적 인간'을 양성하는 교육기관의 이념을 다음과 같이 비판한다. 여기에서 "이론적 인간 이와의 모든 인간 유형은 그 자체가 목표가 되지 않고 단지 존재가 허락된 것에 지나지 않으며, 이론적 인간이라는 이상의 곁에 겨우 자리라도 잡기 위해서 악전고투"(KSA 1, 116쪽)해야만 했다. 니체는 이러한 교육의 이념이 교육기관을 개념적이고 획일화된 대중의 양성소로 전락시켰다고 주장한다. 즉, 니체의 관점에서 교육기관이 "관료나 상인, 장교나 도매상 또는 농부나 의사, 기술자를 교육시킨다고 약속해도, 그것은 단지 생활고를 극복하기 위한 제도"(KSA 1, 715쪽)일 뿐이었다. 니체는 이러한 교육이 진정한 교육의 의미를 왜곡하고, 쿠란트적 인간(courante Menschen)만을 양산했다고 비판한다.

"가능한 많은 지식과 교양 - 따라서 가능한 많은 행복 - 공식은 이렇습니다. 여기서 이익은, 더 자세히 말한다면, 소득과 가능한 최대의 화폐 수입이 교양의 목적이고 목표입니다. 이 방향에서는 교양은 대략 사람이 '자기 시대의 정점' 위에서 존속할 수 있게 해주는 인식, 가장 쉽게 돈을 벌 수 있는 모든 길을 알려주고, 사람들과 민족들 간의 교류가 이루어지는 모든 수단을 지배할 수 있게 해주는 그런 통찰로 정의될 수 있습니다."(KSA 1, 667쪽)

니체에 따르면 진정한 교양을 위한 교육은 오직 소수의 인간만을 위해 존재하는 것이다. 그러나 니체는 "타고난 재능의 측면에서 볼 때 극소수의 사람만이 진정한 교육의 길을 걸어갈 수 있으며, 그들의 성공적인 발전을 위해서는 극히 소수의 고등 교육기관만으로 충분하지만, 그럼에도 육성과 지원의 측면에서 현재 교육기관에서 가장 불이익"(KSA 1, 697쪽)을 받고 있다고 지적한다.

니체의 관점에서 이러한 현재의 대중교육(Volksbildung)은 문화적 요소를 파괴시키는 야만에 불과한 것이었다. 니체는 대중이 이러한 한계로부터 벗어나기 위해서는 교육이 현대성을 탈피해야 한다고 주장한다. "무엇보다 그것을 교만한 태도로 '현재의 독일 문화'라 칭하는 것과 혼동하지 않도록 조심해야 합니다. 독일 정신은 오히려 이런 것과 내면적 적대 관계에 있습니다. 그런데 진정한 독일 정신은 설령 우아한 형태가 아닌 거칠고 조야한 모습을 하고 있더라도 종종 저 '현대'가 없다고 불평하곤 하는 그 영역 안에 잘 보존되어 있습니다."(KSA 1, 690쪽) 여기에서 니체는 대중을 벗어난 인간, 일종의 정신의 지향점을 독일 정신이라고 지칭한다. 따라서 니체는 진정한 의미의 교육에 대한 단초를 역사학의 개념화와 추상된 역사인식에 대한 거부를 통해 제시된다고 보았다. 그리고 니체에 따르면 이것은 역사인식의 과잉으로부터 벗어나는 것에서부터 시작된다.

---

2장

# 역사와 문화의 해체

## 1. 비역사적 역사인식

니체는 역사인식의 과잉 속에서 인간이 개체적이고, 각자적인 삶의 방향성을 상실한 채 전체를 중시하는 대중으로 전락한다고 지적했다. 또한 니체는 이러한 대중의 역사인식을 역사적 인간이라고 부르며, 비판한다. 니체에 따르면 역사적 인간에게 과거의 역사는 오직 미래를 위한 과정에 불과한 것이다. 이것은 역사적 인간이 오늘보다 내일을 더 진보한 세계로 규정하는 것에서 기인한다. 니체는 이러한 역사적 인간의 사유방식을 삶의 데카당스를 야기하는 요소로 정의하며, 이것으로부터 벗어날 것을 요청한다. "우리는 역사가 필요하다. 그러나 다른 역사, 즉 지식의 정원에서 한가하게 놀고 있는 버릇없는 게으름뱅이가 원하는 것과는 다른 역사가 필요하다."(KSA 1, 245쪽) 즉, 니체는 역사에 대한 새로운 방향성을 다음과 같이 제시한다.

니체는 새로운 역사해석의 척도가 바로 삶에 대한 공과(Nutzen und Nachtheil)여야만 한다고 강조한다. 니체는 오직 이와 같은 역사해석의 척도를 통해 역사의 진정한 존재의미가 드러날 수 있다고 주장한다. "우리는 삶과 행위를 위해서 역사를 필요로 하지, 삶이나 행위를 편안하게 기피하기 위해서 또는 이기적인 삶이나 비겁하고 나쁜 행위를 미화하기 위해서가 아니다."(KSA 1, 254쪽)

니체의 관점에서 역사는 오직 인간의 삶에 대한 봉사를 통해 존재할 수 있다. 그러므로 여기에서 역사는 더 이상 과거의 객관적인 사건의 나열이 아니라, '지금 여기'라는 삶의 공간에서 인간과 마주하고 있는 현사실적 사건이다. 따라서 니체는 역사가 오로지 인간만이 가질 수 있는 특권이라는 사실을 강조한다. 다시 말해 니체에게 동물은 순간에 사로잡혀 오직 현재에 완전히 몰입되어 있기 때문에 과거나 미래에 대한 표상을 소유할 수 없는 존재로 규정한다.

니체에 따르면 동물은 인간과 달리 어제와 오늘이 어떻게 다른지, 또 무엇이 다른지에 대해 숙고하지 않으며, 인간과 달리 자신의 삶과 사유에 대한 근원적인 의문을 제기하지 않는다. 그러나 니체는 이와 같은 동물적인 삶을 단지 부정적으로 평가하지 않는다. 동물이 일차원적 쾌락에 만족하는 존재이기 때문에 동물의 삶의 방식을 비역사적 삶이라고 규정하는 것이다. 그리고 니체는 인간이 비역사적 삶에 대한 제한을 통해 동물적인 삶에서 벗어날 수 있었던 것이라고 주장한다. "사유하고 숙고하고 비교하고 분리하고 결합하면서 저 비역사적인 요소를 제한함으로써, … 그리고 삶을 위해 과거를 사용하고 이미 일어난 것에서 다시 역사를 만드는 힘을 통해 비로소 인간은 인간이 된다."(KSA 1, 248쪽)

니체는 인간이 동물적 삶에서 벗어났지만 고통 없이 생활하는 동물의 삶을 동경했다고 주장한다. 인간의 기억은 인간을 동물적 삶에서 벗어나게 해줬지만, 인간에게 고통을 야기했다. 니체는 인간이 느끼는 이와 같은 이중적인 감정을 다음과 같이 묘사한다. "그는 자신이 인간임을 동물 앞에서 자랑하면서도, 동물의 행복을 시기심 어린 눈으로 쳐다본다. - 그는 동물처럼 권태도 없이, 고통도 없이 살고 싶기 때문이다."(KSA 1, 248쪽)

특히 니체는 인간의 기억이 야기하는 고통으로부터 벗어나지 못하는 것은 자신의 의지와 상관없이 과거가 끊임없이 회상되었기 때문이라고 지적한다. 즉, 인간이 갖고 있는 과거에 대한 기억은 멈추지 않고 지속적으로 반복된다. 인간에게 이와 같은 반복은 마치 영원한 생성을 반복적으로 경험하는 시시포스의 형벌과도 같은 것이었다. 인간은 이러한 형벌적인 삶의 과정을 통해 과거로부터 자신에게 전해지는 무게를 느끼며, 끝없이 추가되는 과거의 무게를 견뎌야만 했다. 니체는 이러한 과거의 무게감을 다음과 같이 표현한다. "그가 아무리 멀리, 아무리 빨리 달려도 사실은 함께 따라다닌다. 어느 순간 여기 있다가 휙 지나가 버리는 순간, 그 이전에도 무였고 그 이후에도 무인 순간은 유령처럼 다시 오고, 나중에 어느 순간의 휴식을 훼방한다."(KSA 1, 248쪽)

니체는 인간이 감당할 수 있는 과거의 무게감에는 한계가 있다고 주장한다. 다시 말해 "불면과 되새김질, 역사적 의미에도 어떤 한도가 있는데, 이 한도에 이르면 인간이든 민족이든 문화든 살아 있는 모든 것은 모두 해를 입고 마침내 파멸"(KSA 1, 251쪽)에 이를 수밖에 없었다.

그러므로 니체는 인간이 자신의 건강을 위해 망각(Vergessenheit)이라는 삶의 적극적 해석을 수행할 것을 요청한다. 물론 니체의 이러한 망각은 단지 동물적인 삶으로의 회귀가 아니라, 오히려 삶에 대한 능동적인 창조를 의미한다.[30] 이상엽 역시 이와 같은 니체의 망각이 "무의식적인 것이 아니라 의식적으로 일어나는 것이고, 실제로는 선택적인 기억을 가능하게 하는 능동적인 망각이다. 말하자면 망각은 새로운 기억을 위한 환경을 만드는 역할"[31]이라고 주장한다.

물론 니체는 인간이 이러한 능동적인 망각, 다시 말해 "자신이 지속되는 동안 비역사적으로 느낄 수 있는 능력"(KSA 1, 251쪽)을 제어하는 것이 결코 쉽지 않다고 말한다. 그럼에도 불구하고 니체는 인간이 일반적으로 다음과 같은 상황에서 비역사적인 삶을 제한적으로 체험했었다고 주장한다. 니체에 따르면 인간은 어린아이일 때 이와 같은 비역사적인 삶을 경험할 수 있었다. 즉, 인간은 "풀을 뜯는 가축을 보거나 가까운 주변에서 과거를 부인할 필요도 없었고 과거와 미래의 울타리 사이에 행복한 맹목성 속에서 놀고 있는 아이"(KSA 1, 249쪽)였다. 이때 인간은 동물과 같이 과거나 미래에 대한 아무런 걱정을 하지 않았다. 그러나 니체는 어린아이가 '그랬다(er war)'라는 말의 의미가 과거와 미래에도 완성되지 않는다는 사실을 무의식적으로 깨닫고 자신의 의도와는 상관없이 비역사적인 삶으로부터 벗어났다고 주장한다. 다음으로 니체는 인간이 비역사적 삶을 체험할 수 있는 경우를 바로 견유학파들의 삶을 통해 제시한다. 니체에 따르면 견유학파의 사람들은 자신이 살아 있는 것만으로도 행복을 느끼는 자들이었다. 그러나 그들은 인간적인 삶의

---

30) 윤병태는 이러한 망각이야말로 생의 자연성이 내포한 생명력의 본질이라고 주장한다. 윤병태에 따르면 "왜 어디서 태어났고, 누가 무슨 이유로 나를 낳았으며, 어찌하여 저곳이 아닌 이곳에, 저때가 아닌 이때에 태어났으며, 어떻게 지금의 이곳에서 이런 모습으로 있는지, 지금 이 순간이 지나면 나는 어떤 모습으로 있게 될는지 하는 일체의 물음과 인식을 모조리 무화(無化)하는 것 이것이 바로 망각이며 망각의 침묵이다." 이와 관련한 윤병태의 주장은 윤병태,「니체의 역사이해」,『니체연구』제20집, 한국니체연구, 2011, 186쪽 이하 참고.

31) 이상엽,「니체의 역사관」,『역사철학, 21세기와 대화하다』, 충남대학교출판문화원, 2015, 85쪽.

방식들을 망각할 수 있다면 "불쾌함과 욕망과 결핍이 가득한 가운데에서 변덕스러운 기분이나 기발한 착상처럼 단지 에피소드로 잠깐 등장하는 가장 큰 행복보다 비교할 수 없을 만큼 큰 행복"(KSA 1, 249쪽)을 느낄 수 있다고 주장한다.

또한 니체는 인간이 죽음을 통해 망각을 얻을 수 있다고 주장한다. 니체에 따르면 죽음은 인간에게 "현재와 현존재를 앗아가며, 현존재를 단지 끊임없이 있었던 것, 스스로를 부정하고 소모하고 스스로에게 이의를 제기함으로써 살아가는 것에 불과하다는 저 인식에 날인"(KSA 1, 249쪽)이다. 그러나 인간은 위에서 언급한 방법을 통해 망각의 본래적인 의미를 획득할 수 없었다. 이것은 니체의 망각이 단순한 기억의 상실을 의미하는 것이 아니라, 인간이 역사에 대해 적극적으로 해석하는 과정으로부터 나타나는 기억의 주체적이고, 능동적인 정신활동을 의미하기 때문이다.


## 2. 초역사적 역사인식

니체는 인간의 삶의 모든 순간을 기억하고자 하는 일종의 역사적 사유의 충동이 인간의 실존적 삶에 필수불가결한 요소라고 주장한다. 물론 니체의 이러한 태도가 역사의 학문화 현상에서 비롯되는 역사의식의 과잉과 여기에서 야기되는 인간의 대중화에 대한 긍정을 의미하는 것은 아니다. 하지만 니체는 인간이 역사적 사유를 통해 이룩한 문화의 토대를 부정하지 않기 때문이다. 그러므로 니체에게 역사적 사유와 비역사적 사유는 각자 다른 존재 목적으로 정의된다. 다시 말해, 인간은 역사적인 사유를 통해 일차원적인 쾌락만을 추구하는 동물로부터 벗어날 수 있었고, 비역사적 사유를 통해 끝없이 생성되는 과거의 무게로부터 벗어날 수 있기 때문이다. 따라서 니체는 인간이 건강한 삶을 위해 역사적 사유와 비역사적 사유의 사이에서 긴장감 있게 존재해야만 한다고 주장한다. "비역사적인 것과 역사적인 것이 한 개인이나 한 민족 그리고 한 문화의 건강에 똑같이 필요"(KSA 1, 252쪽)한 것이다.[32]

물론 니체에게 비역사적 인식과 역사적 인식이 동등한 가치를 갖지는 않는다. 이것은 니체가 비역사적 인식을 역사적보다 인간에게 근원적인 능력으로 정의하며, 인간에게 발생되는 기억의 과잉을 경계하는 것에서 드러난다. "우리는 어느 정도 비역사적으로 느낄 수 있는 능력을 더 중요하고 더 원초적인 능력으로 간주해야만 할 것이다. 즉 올바르고 건강하고 위대한 것, 진정으로 인간적인 것이 자라날 수 있는 토대가 그 안에 놓여 있다."(KSA 1, 253쪽)

이처럼 니체에게 비역사적 사유가 역사적인 사유보다 근원적인 사유의 능력으로 규정되는 이유는 다음과 같은 두 가지 이유로 요약될 수 있다. 첫째, 비역사적 사유는 대중으로 전락한 인간에게도 삶의 본래적인 의미를 회복할 수 있는 방법으로 제시될 수 있다는 점이다. 다시 말해, 니체의 관점에서 대중은 회복될 수 없는 인간의 퇴락을 의미하는 것이 아니다. 인간은 비역사적 사유와 같은 방법을 통해 과거에 추앙받던 가치가 비역사적인 지평 속에서 모두 소멸되는 일종의 '모든 가치의 가치전도'를 경험할 수 있다. 그리고

---

32) 메튜 렘플리는 이와 같은 니체의 주장이 현대 문화의 시간과 역사의 특정한 문제, 다시 말해 현대성의 기억의 과잉과 밀접하게 관련되어 있다고 지적한다. 이와 관련한 메튜 렘플리의 주장은 Matthew Rampley, *Nietzsche, Aesthetics And Modernity*, Cambridge University Press, Cambridge, 2000, 140쪽.

이것은 대중이 이제 현재의 가치, 즉 타인이 부여한 가치 체계를 거부하고 실존적인 인간으로 거듭나는 과정이다. 니체는 인간의 실존적 상태를 "철저하게 비역사적(unhistorisch)이고 반역사적(widerhistorisch)이지만 부당한 행위뿐만 아니라 모든 정당한 행위의 모태"(KSA 1, 253쪽)라고 규정한다. 인간은 이제 이와 같은 비역사적 사유를 통해 삶이라는 작품에 대한 주체적이고 능동적인 예술가로 변모할 수 있다. 따라서 여기에서 인간의 비역사적인 사유의 능력은 단지 동물과 같은 일차원적인 삶의 상태를 추구하는 것이 아니라, "잊을 수 있고 제한된 지평 안에 스스로를 가둘 수 있는 기술과 힘"(KSA 1, 332쪽)을 의미한다.

니체는 인간의 이러한 삶의 방식을 다음과 같이 묘사한다. "한 개인이 가진 역사적 지식과 감각은 아주 제한적이고 그의 지평은 알프스 골짜기의 주민처럼 협소하며, 그는 얼마든지 부당한 판단을 내릴 수 있고, 자신이 모든 경험에서 최초의 경험자라는 오류를 저지를 수 있다. - 모든 부당함과 오류에도 불구하고 그는 매우 건강하고 씩씩하게 살고 있으며 보는 이의 눈을 즐겁게 해준다. 반면, 그의 바로 옆에는 그보다 훨씬 더 정의롭고 학식 있는 사람이 병약하고 쇠약한 상태로 있다."(KSA 1, 252쪽)

둘째, 니체는 인간이 비역사적 사유를 획득하는 것이 아니라, 이미 인간의 사유 속에 내재해 있다고 주장한다. 그러나 인간은 이와 같은 비역사적 사유의 토대, 망각을 거부하고 자신의 행위의 연속성과 확실성을 보증 받고자 하였다. 즉, 인간은 자신의 행위의 주체성을 보증하기 위해 절대 망각되지 않을 행위의 주체를 갈망했고, 이것이 바로 자아에 대한 실체적 규정이다. 니체에 따르면 이러한 자아에 대한 실체적 규정은 허구에 불과한 것이었는데, 왜냐하면 인간은 언제나 그때마다 새롭게 드러나는 충동들의 의미지평을 삶의 행위를 통해 표현하는 존재이기 때문이다. 따라서 니체는 다음과 같이 주장한다. "그가 아는 유일한 권리는 **이제 생겨나야 할 것의 권리다.** 그렇게 모든 행위자는 자신의 행위를 사랑받아 마땅한 정도보다 훨씬 더 사랑한다."(KSA 1, 254쪽. 강조는 저자에 의함)

니체는 이렇게 실체적인 자아 규정과 관계없이 자신의 삶과 행위의 정당성을 부여할 수 있는 인간만이 비로소 역사에 대한 초역사적 해석이 가능하다고 주장한다. 이러한 맥락에서 니체에게 초역사적 역사인식은 단지 역사로부터 벗어나는 것을 의미하는 것이 아니라, "시선을 생성으로부터 현존재에 영원한 동일성을 부여하는"(KSA 1, 330쪽) 작업이다. 그리고 인간은 이러한 역사인식을 통해 역사를 더 이상 학문으로 인식하지 않고, "모든 사건의 유일한 조건, 즉 행위자의 영혼 속에 있는 저 맹목성과 부당성"(KSA 1, 254쪽)으로부터 벗어날 수 있다. 그 결과 인간은 이제 과거와 현재 그리고 미래를 동일한 지평 속에서 파악한다. 즉, 인간은 이제 역사가 모든 인간에게 동일하게 소멸되지 않는 하나의 유형이자 형상으로 끊임없이 삶과 관계한다는 것을 깨닫는 것이다. 니체는 이러한 인간만이 자신의 삶에 대한 실존적 물음과 이에 대한 해답을 스스로 찾을 수 있다고 강조한다.

니체는 이러한 인간의 역사인식의 충동을 인간의 조형력(plastische Kraft)이라고 규정한다. 즉, 니체에게 조형력은 "스스로 고유한 방식으로 성장하고, 과거의 것과 낯선 것을 변형시켜 자기 것으로 만들며, 상처를 치유하고 상실한 것을 대체하고 부서진 형식을 스

스로 복제할 수 있는 힘"(KSA 1, 252쪽)으로 규정된다. 즉, 여기에
서 조형력은 인간이 다른 모든 것들과의 관계를 설정할 수 있는 인
간 고유의 자연적 본성이다.[33] 그러므로 인간은 조형력을 통해 역사
적인 것뿐만 아니라, 과거의 모든 것에 고통받지 않고, 능동적인 망
각을 통해 자신의 삶을 규정할 수 있는 존재이다.

하지만 니체에 따르면 인간은 서로 다른 조형력의 크기를 갖고
있다. 다시 말해 약한 조형력을 가진 인간이나 문화는 소량의 고통
으로도 치유 불가능한 상처를 입을 수 있지만, 강한 조형력의 소유
자는 거칠고 끔찍한 삶의 고통을 오히려 실존적 삶을 위한 자극제
로 받아들일 수 있다. 따라서 니체는 인간이 조형력을 통해 해석하
는 역사는 더 이상 학문의 대상이 아니라, 인간의 실존적인 삶을
위한 지평이라고 주장한다. 그뿐만 아니라 조형력은 인간이 위버멘
쉬(Übermensch)로 나아갈 수 있는 인간의 자연성이며, 문화의 데
카당스를 치유할 수 있는 고귀한 인간의 고유한 능력이다.


## 3. 역사의 자연성 회복

앞에서 언급한 바와 같이, 니체에게 역사는 학문으로서가 아니라
인간의 삶을 토대로 해석해야 할 대상이다. 물론 니체에게 인간의
삶에 대한 공과를 통해 역사를 해석하는 것이 모두 긍정적으로 해
석되는 것은 아니다. 그럼에도 불구하고 니체는 삶의 관점에서 역사
를 해석하는 방법을 다음과 같이 제시한다. 인간의 삶에 대한 공과

---

33) 가이엔 역시 니체의 조형력 개념이 다른 관계들 사이의 균형을 유지하는 능력이라고 주장한
다. 이와 관련한 가이엔의 주장은 J.A.L.J.J. *Geijsen, Geschichte Und Gerechtigkeit: Grundzüge
Einer Philosophie Der Mitte Im Frühwerk Nietzsches*, Walter de Gruyter, Berlin, 1997, 26쪽.

로서의 역사는 첫째, 역사를 끊임없이 자신의 가치를 위해 추구하고, 그것을 위해 행위 하는 인간들의 역사해석인 기념비적 역사(monumentalische Historie), 둘째, 역사에 대한 존경심 때문에 역사 그 자체를 보존하려고 하는 인간들의 역사해석인 골동품적 역사(antiquarische Historie), 셋째, 역사를 언제나 끊임없는 해체의 대상으로 파악하는 인간들의 역사해석인 비판적 역사(kritische Historie)가 바로 그것이다.

니체는 이러한 역사해석의 방향성을 다음과 같이 제시한다. "위대한 것을 창조하려는 인간에게 과거가 필요하다면, 그는 기념비적 역사를 통해 과거를 소유한다. 그에 반해 익숙한 것과 예로부터 존경받아 온 것을 고수하려는 자는 골동품적 역사로서 과거를 돌보고 가꾼다. 현재의 고통에 가슴이 옥죄이고 어떤 대가를 치러도 이 점을 떨쳐 버리려는 사람은 비판적인 역사, 다시 말해 평가하고 형을 선고하는 역사에 대한 욕구"(KSA 1, 265쪽)를 소유할 수 있다. 물론 니체에게 이러한 역사해석은 보편성과 체계성이 담보되지 않은 것이었다. 왜냐하면 진정한 의미의 역사는 더 이상 학문으로서가 아니라, 언제나 '지금 여기'에서 행해지는 해석이기 때문이다. 따라서 니체는 이와 같은 역사해석의 한계성을 다음과 같이 지적한다. "존재하는 세 종류의 역사는 각각 단지 하나의 토양과 하나의 기후에서만 제대로 자랄 수 있다. 다른 토양과 기후에서 그것은 다른 것을 황폐화하는 잡초가 된다."(KSA 1, 265쪽)

그러나 이상엽은 이와 같은 니체의 역사해석이 새로운 것이 아니라, 수사학적이고 문헌학적인 전통의 범주에서 나타난 구술적인 역사서술(erzählende Geschichtsschreibung)이라는 비판적 견해를 제시한다.[34] 그럼에도 불구하고 니체의 역사해석은 단지 역사학적 저술이라는 형식에 얽매이지 않고, 학문적인 역사인식에 대한 반발과 역사인식에 대한 새로운 방법을 제공한다는 점에서 역사인식에 대한 새로운 지평으로 평가될 수 있다.

니체에 따르면 기념비적 역사는 역사를 주체적으로 행위 하는 인간들의 역사인식이다. 이러한 역사인식의 주체는 자신에게 모범적이며, 삶의 위로를 제공할 수 있는 인물과 사례들의 전형을 역사를 통해 제공받고자 했다. 즉, 그들은 실존의 고통으로 인해 야기되는 일종의 체념과 절망적 인식에 대항하는 수단을 역사에서 찾는다.

그러나 여기에서 역사는 단지 '나'라는 개체만을 위한 것이 아니라, 민족이나 인류 전체를 위한 것이다. 따라서 니체는 괴테가 말한 것처럼 그들에게는 "우리의 시대는 너무나 추악하여, … 자신을 둘러싼 인간 생활에서 어떤 쓸 만한 피조물"(KSA 1, 258쪽)을 만날 수 없다고 지적한다.

니체는 기념비적으로 역사를 해석하는 이들이 자신을 위로해 주고, 모범이 되는 사건과 인간들의 전형을 동시대에서 찾지 못하며, 오직 과거의 인간들을 통해 지신들의 이상을 성취한다고 주장한다. 즉, 그들에게 역사는 오직 과거라는 역사의 사원 안에 존재하는 위대한 것이었으며, 과거의 위대하고 찬란한 순간들의 집합이다. 그러므로 기념비적 역사에서 현존재의 실존적인 삶은 모든 위대한 역사의 방해물일 뿐이다. 결국 인간은 이러한 역사인식을 통해 현재가 가진 삶의 의미들을 축소시킨다. "과거의 위대한 것을 보고 또 그것을 고찰함으로써 더 힘을 얻어서 스스로 행복하다고 느끼며,

---

34) 이상엽, 『니체의 역사관과 학문관』, 울산대학교출판부, 2005, 18쪽 이하 참고.

인생은 멋진 일이라고 생각한다. … (그러나) 이들은 모두 현존재를 존중하지 않는 사람이 가장 아름답게 산다는 교훈을 남겼고, 그것을 아는 것이 인생의 진리"(KSA 1, 259쪽)라고 생각했다.

니체는 이러한 기념비적 역사해석의 다음과 같은 문제점을 지적한다. 첫째, 인간은 역사해석을 통해 과거의 사건을 보편적인 형태로 사유한다는 점이다. 즉, 과거는 인간의 인식을 통해 보편이라는 이름으로 가공된다. 그리고 인간은 이러한 과거의 보편화 작업을 통해 과거의 사건이 현재에도 똑같이 반복된다고 믿게 된다. 물론 모든 일이 동일하게 반복되는 것은 아니지만, 마치 하늘의 별들이 서로 특정한 위치에 존재할 때 특정한 사건, 예를 들어 로마 황제가 암살되거나, 신대륙을 발견하는 일이 유사한 형태로 반복된다고 믿는다. 그러나 니체의 관점에서 이러한 믿음은 "다른 것을 유사하게 만들고, 일반화하고 끝없이 동일시할 것이며, 원인을 희생시켜 결과를 기념비적으로 다시 말해 전범으로 그리고 모방할 만한 것으로 내세우기 위해 주체와 동기의 차이점을 약화"(KSA 1, 261쪽)하는 것에 불과하다.

둘째, 니체는 기념비적 해석의 권위가 과거를 아름답고 위대한 것으로 해석하는 것에서 비롯된다고 주장하고, 이와 같은 사유에는 현재의 의미에 대한 왜곡이 전제되어 있다고 지적한다. 즉, 기념비적 역사해석은 '지금 여기'라는 인간의 삶의 터전인 현재의 의미를 축소시키고 과거의 의미를 비약적으로 확장한다. 니체의 관점에서 이러한 역사해석은 현재의 위대한 자들에 대한 원한감정(Ressentiment)을 야기한다. "기념비적 역사는 그들이 그 시대의 강한 자와 위대한 자에 대한 증오를 지난 시대의 강한 자와 위대한 자에 대한 감탄으로 포장하는 가면무도회 의상이다. 이 의상을 입고 그들은 저 역사적 고찰의 진정한 의미를 정반대로"(KSA 1, 264쪽) 전도시킨다. 니체는 그러나 이러한 기념비적 역사해석이 미래를 단지 숙명론으로 규정하는 것이 아니라, 우연한 주사위의 놀이로서 해석한다는 점에서 학문적 역사인식과는 다르다고 강조한다.

또한 니체는 골동품적 역사가 과거를 보존하려고 하는 인간들의 역사해석이라고 주장한다. 니체에 따르면 이런 골동품적 역사해석은 자신들이 태어나고 삶의 토대가 되는 도시와 민족에 대한 존경과 신뢰의 감정을 갖는 인간들의 역사해석이다. 따라서 인간은 이와 같은 역사해석을 바탕으로 지금 자신과 자신을 둘러싼 모든 것이 과거 선조들의 삶을 통해 탄생한 것이라고 생각한다. 그렇기 때문에 니체는 인간이 골동품적 역사해석을 기반으로 자신들이 태어나고 자라난 도시와 민족의 조건을 후대로 전승시키고자 하는 열망에 사로잡혀 있다고 주장한다. 다시 말해, "그는 예로부터 있어 온 것을 조심스러운 손길로 돌보면서 자신이 생겨난 조건을 자기 뒤에 있는 이들을 본존하려고 한다. - 그런 식으로 그는 삶에 봉사"(KSA 1, 265쪽)하는 것을 목표로 한다.

그러나 여기에서 과거는 결코 기념비적 역사와 같이 위대하고 찬란한 과거가 아니라, 오히려 작고 진부한 낡은 역사였다. 이것은 인간이 골동품적 역사해석을 통해 자신들의 삶의 모든 요소를 역사로 규정하기 때문이다. 즉, 인간은 자신들이 자라는 도시의 역사의 모든 부분을 역사로서 수용한다. 그 결과 인간은 자신을 둘러싸고 있는 모든 것을 과거와 현재를 연결시켜 주는 것으로 파악하며, 이것을 공유하는 이들을 '우리'라는 이름으로 동질감을 갖는다. 여기에서 '우리'는 과거에도 삶을 영위했었고, 지금도 살고 있으며, 미래에도 살아가는 초월적 존재로 변모한다. 따라서 인간은 "'우리'로써 무상하고 기이한 개별적 삶 너머를 바라보고, 스스로를 가족의 정신으로, 일종의 정신으로, 도시의 정신으로 느낀다."(KSA 1, 265쪽)

그리고 이러한 '우리'는 때때로 세기를 넘어 민족 전체로 확장된다. 물론 니체는 이와 같은 역사에 대한 해석이 현존재의 삶에 생동감을 부여할 수 있다는 사실을 인정한다. 이것은 인간이 골동품적 역사해석을 통해 과거와 현재의 모든 것들에 대해 마치 나무가 자신의 뿌리에 대해 느끼는 일체감과 소속감과 같은 감정을 느낄 수 있기 때문이다. 그뿐만 아니라 인간은 이와 같은 역사해석을 통해 자신의 실존을 완전히 자의적이고 우연한 존재라고 생각하는 것이 아니라, 과거로부터 성장하여 마치 꽃과 같은 과실의 결과로서 이해했다.

그러나 니체는 각 개체에 의해 해석된 역사가 '우리'라는 전체로 규정되는 것은 마치 개인을 나사로 고정시키는 것과 같이 무모하고 몰상식적이라고 평가한다. 이것은 니체가 '우리'라는 실체적 개념이 어디에서도 정당성을 부여받을 수 없다고 강조하기 때문이다. 그러므로 여기에서 인간과 민족의 골동품적 역사인식이 전제한 '우리'는 이념으로서 존재할 뿐 실제로 존재하지 않으며, 그렇기 때문에 골동품적 역사인식은 이상과는 달리 제한된 시야에서 역사를 인식할 수밖에 없다. 물론 니체는 이러한 골동품적 역사인식이 역사인식의 과잉이 야기하는 대중의 문제, 다시 말해 자신을 단지 역사의 부품으로 인식하는 역사인식과는 다르다고 주장한다. 왜냐하면 여기에서 인간은 오히려 전체를 인식하지 않고 역사의 부분만을 지나치게 중시하는 경향을 드러내기 때문이다. 니체는 이 점이 골동품적인 역사인식에서 "가치의 비례가 사물 상호 간의 관계에 적용되어야 마땅함에도 불구하고, 이 경우 과거의 사물에 대해서는 가치의 차이가 비례"(KSA 1, 267쪽)하지 않았기 때문이라고 지적한다. 니체에 따르면 이것은 오직 인간이 한정된 시간과 공간, 다시 말해 인간이 지금 거주하고 있는 땅과 그 조상들의 역사에 대한 경외감에만 근거하고 있었다. 즉, 인간은 골동품적 역사해석을 통해 고고학자들이 유적지를 탐사하여 유물을 찾아내듯이 베일에 싸여 있던 고대의 흔적들 속에서 자신들 선조의 정신과 용기를 찾아내고 이것이 지금의 자신과 어떻게 관계 맺는지에 대해 집중한다. 따라서 자신의 거주 공간에서 벗어나 있는 과거는 존경과 애정의 대상이 아니며, 단지 탐구의 대상으로 전락한다. 니체는 이러한 역사해석이 역사의식의 과잉을 통해 드러나는 학문에 대한 인간의 열망과 유사하다고 지적하며, 이것이 바로 골동품적 역사가 내포한 문제점이라고 주장한다. 즉, 골동품적 역사해석은 결국 제한적인 의미의 역사해석에 불과하며, 여기에서 정의되는 역사는 실존적인 삶에 대한 지평으로서 제시할 수 없었다.

　물론 니체가 위에서 언급한 역사해석은 오직 과거의 것만을 가치 있는 것으로 수용하며, 현재의 의미를 왜곡한다는 점에서 니체가 지향하는 역사해석의 방법으로 보기 힘들 것이다. 니체에 따르면 이러한 역사해석들은 삶의 공과를 기준으로 역사를 해석한다는 점에서 역사인식의 과잉으로부터 벗어났지만, "과거의 삶의 역사가 지속적인 생존과 더 고차원적인 삶을 파괴하는 방식으로 삶에 봉사"(KSA 1, 268쪽)한다는 점에서 한계를 갖고 있었다. 그러므로 니체는 비판적 역사인식이라는 방법을 제시함을 통해 우리가 지향해야 하는 역사인식의 방법론을 제시한다. 즉, 니체에게 기념비적 역사해석이나 골동품적 해석은 과거의 지나치게 확장하는 역사해석의 방법론이다.

니체는 과거가 오히려 해체의 대상이라고 주장한다. 물론 여기에서 해체는 단지 부정적인 것을 파괴하는 작업이 아니라, 창조를 위한 필수 작업이다. 니체는 이와 같은 해체의 과정을 다음과 같이 표현한다. "인간은 살기 위해 과거를 파괴하거나 해체할 힘을 가져야만 하고 때에 따라 실제로 그렇게 해야 한다. 그렇게 하기 위해 그는 과거를 법정에 세우고 고통스럽게 신문하고 마침내 유죄를 선고해야 한다. 모든 과거는 유죄 판결을 받을 만한 가치가 있다. - 인간의 일이란 항상 그렇기 마련이기 때문이다."(KSA 1, 269쪽) 여기에서 니체는 인간이 창조한 전통 그 자체로는 아무런 권위를 가질 수 없으며, 심지어 이러한 역사적 전통이 현재의 삶을 훼손시킬 수 있는 권리를 어디에서도 찾을 수 없다고 주장한다. 따라서 인간은 언제나 역사에 대한 해체를 통해 과거를 새롭게 해석해야만 했다. 물론 니체도 다음의 사실, 즉 현재의 "우리는 모두 과거의 종족의 결과인 탓에 또한 그들의 과실, 열정과 오류 심지어 범죄의 결과"(KSA 1, 270쪽)라는 사실을 부정하지 않는다.

그럼에도 불구하고 니체는 인간이 역사에 대한 해체와 새로운 해석의 순환에서 벗어나는 것은 불가능하다고 지적한다. 만약 인간이 과거를 해체하지 않는다면, 그것은 인간의 실존적 삶의 몰락을 의미하는 것이었다. 다시 말해 인간의 실존적 삶은 과거에 대한 끊임없는 해석의 과정에서 생성될 수 있는 것이다. 인간은 과거에 대한 끊임없는 해체를 통해 "지칠 줄 모르고 스스로를 갈망하는 힘"(KSA

1, 209쪽)을 실존적 삶에 대한 자양분으로 변환할 수 있었다. 니체에 따르면 인간은 이와 같은 비판적 역사해석을 통해 과거로부터 전승된 전통적인 관습이 아니라 새로운 가치를 창조한다. 이러한 가치는 과거로부터 비롯된 것이 아니라, 현재의 인간이 과거를 해석하는 과정을 통해 생성된 것이다.

물론 니체에게 이와 같은 새로운 가치의 생성은 결코 쉽지 않은 것이다. 그러나 니체는 언제나 인간이 이러한 충동에 사로잡힐 수밖에 없다고 주장한다. 왜냐하면 이와 같은 인간의 충동은 "나중에 오늘의 자신을 있게 한 과거와 반대로 그로부터 자신이 유래하고 싶은 과거를 후천적으로 만들어 내려는 시도"(KSA 1, 270쪽)이기 때문이다. 즉, 니체는 이러한 새로운 역사인식을 통해 인간이 실존적 삶을 위한 방향성을 획득하기를 소망한다.[35]

---

35) 윤병태는 이와 같은 니체의 역사해석에 대한 다음과 같은 의견을 피력한다. 먼저 니체의 이와 같은 세 가지 역사의 유형은 역사서술이나 역사학의 서술의 방법론이 아니라 삶에 기여하는 역사에 대한 서술방식이라는 점이다. 특히 윤병태는 이 세 가지의 인식이 삶에 기여하는 정도가 얼마만큼 다른지에 대한 니체의 설명이 부족하다는 점을 강조한다. 그럼에도 불구하고 윤병태는 니체의 역사해석의 효용을 다음과 같이 밝히고 있다. "어떤 때는 기념비적 역사가, 또 어떤 때는 골동품적 역사가, 또 다른 때에는 비판적 역사가 삶에 기여한다는 것, 그리고 각기 기여의 내용이 다르다는 것과 그 역기능, 즉 삶에 대한 봉사가 아니라 파괴적 측면 또한 가진다는 것을 니체는 서술하고 있다. 다만 여기서 설명된 역사의 순기능의 강도의 순서가 순기능의 순서와 반대로 되는 것을 주목 해 보면 그 서술의 순서가 결코 임의적이 아니라는 사실을 깨달아야 할 것이다. 기념비적 역사가 위대한 것을 창조하고 세우려는 정치, 사회 문화적 권력자들의 지평이라면 골동품적 역사는 보수적 고전주의 문인 또는 예술가들의 관점이다. 이와 달리 비판적 역사는 현재 중심의 일상인들이나 생철학적 역사관으로 이해할 수 있다. 니체의 이와 같은 세 가지 역사이해 방식은 니체에게서 역사적인 것에서 비역사적인 것, 초역사적인 것으로 이행하는 하위 단계로 설정된다. 삶에서는 역사성이 아니라 실존적 생명성이 그 본질이기 때문이다." 니체의 역사이해에 대한 자세한 논의는 다음을 참고할 것. 윤병태, 「니체의 역사이해」, 『니체연구』 제20집, 한국니체연구, 2011, 202쪽 이하 참고.

# 3부

# 문화철학자로서,
# 도덕

$\boxed{\text{1장}}$

# 도덕과 문화의 인간화

## 1. 자연의 인간화

앞서 언급한 바와 같이, 니체는 전통 형이상학을 통해 전승된 이성중심적인 인간이해를 단호히 거부한다. 이것은 니체가 전통 형이상학으로부터 전승된 인간에 대한 이해를 이성에 대한 맹목적인 믿음으로 파악하기 때문이다. 즉, 지금까지 전승되어 온 인간이해가 충동에 대해 이성의 우위를 전제했다면, 니체는 이성에 대한 충동의 우위를 강조한다.

니체의 이러한 인간이해는 모든 도덕적 행위의 기원을 인간에게 내재해 있는 충동, 다시 말해 타인을 강제하고자 하는 충동과 이와 같은 충동에 대한 공포로 규정하는 것에서도 드러난다. 니체는 힘에의 의지로부터 비롯된 이와 같은 충동과 공포가 문화적으로 전승된다고 주장한다. 따라서 니체에게 도덕은 더 이상 이성적인 합의의 산물이나, 초월적인 기원으로부터 시작되는 것이 아니라, 끊임없이 인간에게 생성되는 힘에의 의지의 생성물이며, 영원히 멈추지 않는 가치투쟁의 지평이다.

스테그마이너는 도덕에 대한 니체의 이와 같은 이해가 기존의 도덕에 대한 담론을 해체하고, 자연을 기반으로 새로운 도덕의 토대를 제공하는 것이라고 평가한다.[36] 니체는 도덕을 주인도덕(Herren moral)과 노예도덕(Sklavenmoral)으로 구분한다. 여기에서 주인도덕과 노예도덕은 힘에의 의지를 도덕적 가치판단의 기준점으로 제시한다는 점에서 기존의 전승된 도덕과 차별성을 갖는다.

니체에 따르면 이러한 주인도덕과 노예도덕은 서로 다른 힘의 방향성을 전제한다. 주인도덕은 힘에의 의지를 외부로 발산시키는 반면, 노예도덕은 힘에의 의지를 외부로 분출시키지 못하고 자신의 내부로 힘을 집중시킨다. 이러한 힘의 방향성은 도덕적 판단의 기준과 밀접하게 연결되어 있다. 여기에서 주인도덕의 소유자는 도덕적 판단의 기준이 바로 자기 자신이지만, 노예도덕의 소유자는 도덕적 판단의 기준이 자기 자신이 아닌 외부에 존재한다. 니체의 관점에서 인간은 실존적 삶을 위해 자신의 힘에의 의지를 도덕적 판단의 기준점을 정립해야만 했다. 이 도덕적 판단의 기준점은 설령 자신의 힘에의 의지가 외부의 힘에 일시적으로 굴종할지라도, 자신의 실존적 삶을 위해 끊임없는 투쟁의 과정을 통해 쟁취해야만 하는 것이다. 그러므로 니체에게 단지 수동적으로 외부의 힘에 굴복당하는 노예도덕은 비판의 대상이다. 니체는 이런 맥락에서 노예도덕이 인간을 단지 온순한 가축으로 변모시키는 데카당스적 도덕이라고 규정하며, 이러한 수동성이 전통 형이상학적 사유를 기반으로 전승된 도덕의 문제점이라고 지적한다. 니체의 관점에서 이와 같은 데카당스적 도덕은 인간의 모든 본성을 완벽하게 규정할 수 있다는 믿음이 전제되어 있다. 그리고 이러한 인간의 이성적 능력에 대한

---

36) Werner Stegmaier, *Nietzsches 'Genealogie der Moral'*, Wissenschaftliche Buchgesellschaft, Darmstadt, 2010, 11쪽.

맹목적인 믿음은 자연에 대한 왜곡된 해석을 통해서도 동일하게 드러나고 있었다.

니체는 이러한 맹목적인 믿음의 정점이 바로 자연과학적 방법론을 통해 드러났다고 주장한다. 니체의 관점에서 근대 자연과학은 자연 전체에 대한 앎의 지도를 완성시키는 것을 목적으로 자연을 단지 인식과 탐구의 대상으로 규정했을 뿐만 아니라, 자연과 인간을 이분법적으로 구분했다. 니체는 자연을 대하는 이러한 태도를 다음과 같이 비판한다. "오늘날 오만이란 자연에 대한 우리의 전체 태도이며, 기계나 안심할 수 있는 기술 전문가와 엔지니어의 발명에 힘입어 자연에 가하는 폭행이다."(KSA 5, 357쪽)

물론 니체 역시 근대 자연과학적 탐구가 인간의 삶에 문명적인 측면의 풍요를 가져다준 사실을 부정하지 않는다. 그러나 니체는 이와 같은 문명적인 풍요의 배후에는 인간이 자기 자신까지 대상화시키는 인식론적인 전제가 내포되어 있다는 사실을 간과할 수 없었다. 따라서 니체는 이러한 자연과학적 탐구의 배후에 존재하는 인식론적 전제를 다음과 같이 비판한다. "과학적으로 탐구되고 계속해서 연구될 수 있는 '세계-해석'만이, 수를 세고, 계산하고, 무게를 달고, 눈으로 보고, 손으로 쥐는 것 외에는 아무것도 용납하지 않는 '세계-해석'만이 정당하다는 주장은 정신병이나 바보가 아니라면 우둔함이나 단순함의 소치이다."(KSA 3, 626쪽)

따라서 니체는 수세기 동안 지속되어 온 자연에 대한 실재론적 논쟁이 인간에게 아무런 의미를 가질 수 없다고 강조한다. "그대들은 스스로 실재론자라 부르면서 세계가 그대들에게 보이는 그대로 만들어져 있다고, 오로지 그대들 앞에서만 실재 세계가 베일을 벗고 모습을 드러내며, 그대들 자신이야말로 그것의 최고의 부분이라고 암시한다. … 그대들은 여전히 지난 시대의 정열과 예정에서 비롯된 사물들에 대한 평가를 이리저리 끌고 다니고 있다! 그대들의 냉철함에는 여전히 은밀하고 근절할 수 없는 도취가 결합되어 있다! 예를 들어 '실재'를 향한 그대들의 사랑은 태곳적의 낡고도 낡은 '사랑'이다! 모든 감성, 모든 감각 인상에는 이 낡은 사랑의 편린이 들어 있다. 또한 환상, 편견, 비이성, 무지, 공포, 그 밖의 모든 것이 함께 작용하고 엮여져 있다. 저기 저 산! 저 구름 거기에서 무엇이 '실재'란 말인가? 거기에서 환상적이고 인간적인 첨가물을 제외해 보라, 그대들 냉철한 자들이여! 만일 그대들이 그런 일을 할 수 있다면! 그대들이 그대들의 유래와 과거, 이전 단계를 모든 인간성과 동물성을 잊을 수 있다면! 우리에게는 '실재'란 없다. 그리고 그것은 그대들에게도 없다!"(KSA 3, 421쪽)

니체는 위 인용문에서 인간이 순수하게 객관적인 실재로서 인식할 수 없다는 사실을 지적한다. 그럼에도 불구하고 인간은 자연을 실재하는 대상으로 인식하였고, 모든 자연을 일정한 법칙을 통해 파악할 수 있다는 맹목적인 믿음을 갖게 된다. 그러나 니체는 인간이 파악한 법칙은 결국 실재하는 것이 아니라, 해석의 결과물일 뿐이라고 주장한다. "**'자연법칙'이라는 미신의 단어** - 만약 너희가 자연계의 합법칙성에 대해서 매우 감격해서 말한다면, 분명 자연의 모든 사물은 자유로운, 즉 스스로 자신을 구속하는 순응으로 인해 **자신들의 법칙을 따르고 있다고 생각함에 틀림없다.**"(KSA 2, 27쪽)

니체는 이에 대해 특정한 사물과 다른 사물이 결합할 때 인간이 이것을 각각 원인과 결과로 부르고, 이를 법칙으로 규정하기 때문이라고 주장한다. 그러나 니체의 관점에서 인간의 이러한 행위는 단지 "'원인과 결과'의 상(象)만을 보았을 뿐이다! 그리고 이러한 상이야말로 잇달아 일어나는 결합보다 더 본질적인 결합에 대한 통찰을 불가능하게 하는 것"(KSA 5, 357쪽)일 뿐이다.

니체는 자연에 대한 이와 같은 왜곡, 다시 말해 인간의 이성적 능력으로 사물의 본래적 본성을 파악할 수 있다는 사유가 단지 근대 자연과학으로부터 시작된 것이 아니라, 이미 고대 사상가들로부터 전승된 것이라고 주장한다. 특히 니체는 엘레아학파의 주장에서 인간의 이성적 능력을 일종의 신적인 것으로 파악하는 사유의 단초가 전제되어 있다고 보았는데, 이는 엘레아학파가 존재와 인식이 동일하며 이를 이성을 통해 파악할 수 있다고 주장하기 때문이다. 다시 말해, 니체의 관점에서 엘레아학파는 인간의 이성적 능력을 시간과 공간에 제약되지 않는 초월적인 것으로 파악했다. 니체는 이러한 엘레아학파의 주장을 다음과 같이 요약한다. "이성 범주들이 경험 영역에서 발생할 수는 없을 것이라고 - 경험 영역 전체가 이성 범주와는 진정 모순 관계일 것이라고 결론지었다. … 우리는 신적이었음이 틀림없다. 우리는 이성을 가지고 있으니까!"(KSA 6, 101쪽) 니체는 이러한 엘레아학파의 주장, 즉 모든 것을 인간의 이성을 통해 개념적으로 파악할 수 있다는 맹목적인 믿음이 여전히 오늘날에도 전승되고 있고, 이것이 바로 모든 문화의 데카당스의 원인이라고 지적한다.

그러므로 니체는 이제 지금과는 다른 방식으로 자연을 해석할 것을 요구한다. 이제 자연은 이성이 아니라 인간의 몸을 통해 해석되어야 할 대상이다. 지금까지 인간은 자신의 신체를 통해 해석된 자연이 전통 형이상학적 맥락에서 실재하는 것과 대비적인 것을 의미하거나, 이성을 통해 파악한 것보다 질적으로 낮은 가상이라는 이름을 통해 규정했다. 그러나 니체의 사유에서 전통 형이상학적 맥락의 실재와 가상의 이분법은 아무런 의미를 가질 수 없었다. 왜냐하면 니체에게 세계는 인간의 해석으로 이미 가치의 정당성을 부여받을 수 있기 때문이다. 이제 여기에서 가상은 인간이 자연을 해석한 것이지만 동시에 인간에게 유일한 세계이기도 하다. 니체는 이를 다음과 같이 말한다. "'가상' 세계가 유일한 세계이다.: '참된 세계'란 단지 가상 세계에 덧붙여서 날조된 것일 뿐이다."(KSA 2, 98쪽)

따라서 니체에게 자연은 그 자체로 인식될 수 있는 대상이 아니라, 오직 인간에게 해석될 수 있는 무한한 가능성의 토대로 존재한다. 니체는 이런 자연에 대한 경외감을 강조한다. 이제 니체에게 자연은 인간이 자신의 힘을 최대한 고양시킬 수 있는 근원적 지평이자, 모든 문화의 원형을 의미한다. 그러나 이러한 자연은 인간이 예측 가능하며, 귀속할 수 있는 존재가 아니라, "한없이 냉담하며, 의도와 배려가 없으며, 자비와 공정함도 없고, … 황량하고 불확실"(KSA 5, 21쪽)한 존재이다.

물론 니체의 자연은 단지 무질서하게 존재하는 카오스의 상태를 의미하지 않는다. 오히려 여기에서 자연은 그 자체로 무한한 해석의 가능성을 내포한 문화의 근원적인 원형이다.[37] 니체가 루소의 자

---

[37] 물론 이와 같은 니체의 주장은 니체가 자연을 단지 신비적인 숭배의 대상이나, 초월적인 대상으로 규정한다는 것을 의미하지 않는다. 오히려 니체는 자연을 신비주의적으로 파악하거나 초월적인 것으로 규정하려는 경향이 당대의 데카당스적인 문화에도 여전히 잔재하고 있다고 주장한다. 이렇게 전승된 자연 해석은 "자연이라는 책을 영적인 것으로 해석한다. … 그러나 책에 관해 해석에서 잘못된 해석술은 결코 완전히 극복되지 않고, 가장 교양 있는 사회에서도 여전히 우화적이고 신비적인 해석의 잔재"가 여전히 남아 있다. 이와 관련한 논의는 Friedrich Nietzsche, MA, 418쪽, 29쪽 이하 참고.

연에 대한 이해를 비판하는 것도 바로 루소가 자연을 문화와 대립하는 요소라고 주장하기 때문이다. 즉, 니체의 관점에서 '자연으로 돌아가라'는 루소의 태제는 인간이 자신의 피조물인 문화로 인해 타락하며, 이러한 타락의 치유제로서 문화 발전 이전의 자연으로 회귀하는 것을 의미했다.[38] 그뿐만 아니라 니체는 루소가 자연을 도덕적인 가치로 해석한 것은 실존적 삶의 고통으로부터 도피하기 위함이라고 지적한다. 즉, "인간들이 자연을 자연에서 분리한 시대, 즉 루소의 시대가 왔다. ⋯ 인간들이 느끼는 고통이 전혀 없는 세계의 한구석을 절실히 갖고 싶어 했다. ⋯ (이에 따라) '선한 자연'이 고안되었다."(KSA 3, 30쪽)

니체는 자연에 대한 루소의 도덕적 해석이 자연에서는 모든 것이 평등하다는 허구적 이념으로 발전된다고 주장한다. 니체에 따르면 이러한 루소의 이념이 가장 잘 드러난 사건은 바로 프랑스 혁명이었다. 따라서 니체는 프랑스 혁명을 다음과 같이 평가한다. "나는 프랑스 혁명에 내재해 있는 루소도 증오한다.: 그 혁명은 이상주의와 천민이라는 루소식 이중에 대한 세계사적 표현이다. ⋯ 내가 증오하는 것은 그 혁명의 루소적인 도덕이다. - 혁명이 계속 영향을 끼치게 만들고, 모든 천박하고 평균적인 것들을 설득해대는 소위 말하는 혁명의 '진리'라는 것이다. 평등선언이라니! ⋯ 이것보다 더 유해한 독은 결코 존재하지 않는다."(KSA 2, 190쪽)

---

38) 물론 니체의 루소에 대한 이해가 옳바른지에 대한 의문이 제기될 수 있다. 특히 루소가 니체의 이해와 같이 실제로 반문명 혹은 반문화를 지향한 것인가에 대한 문제는 보다 깊은 숙고를 필요로 한다. 그러나 여기에서 니체를 논의하는 맥락에서 이점보다 중요한 것은 니체가 루소를 이와 같은 방식으로 이해한다는 것일 것이다. 즉, 우리가 여기에서 부정할 수 없는 것은 니체가 이러한 루소의 이해를 토대로 자연에 대한 이해를 전개하고 있다는 사실이며, 니체의 루소에 대한 해석의 타당성은 이곳이 아닌 다른 곳에서 전개하고자 한다.

따라서 니체는 자연의 본성을 선으로 규정하는 루소적 해석을 단호히 거부한다. 니체는 이러한 해석이 이성적 능력을 통해 자연을 완벽히 이해할 수 있으며, 이러한 앎을 바탕으로 자연에 대한 우위를 점할 수 있다는 사유가 내재되어 있었다고 보았다. 그러나 니체의 관점에서 이러한 루소의 주장은 인간이 자연에 자신이 파악한 자신의 본성을 투영하고, 자연 자체를 인간화시킨 것에 불과했다.

그뿐만 아니라 니체는 자연을 선으로 파악하는 것이 세계를 합목적적으로 파악하는 사유와 맞닿아 있다고 주장한다. 니체에 따르면 이들은 "자연이 '스토아 철학에 따른' 자연이기를 원하며, 모든 존재를 오직 … 자신의 모습에 맞추어 존재하게 하고 싶어 한다."(KSA 5, 22쪽) 니체는 이러한 자연이 언제나 인간이 예측 가능하고 지배 가능한 상태이기 때문에 궁극적으로 힘의 고양이 아니라 힘의 하강을 야기한다고 주장한다.

"모든 자연적인 성향이 즉시 병적인 것이 되어, 왜곡적인 것을 만들어 내거나 심지어 치욕스러운 것이 되어 버리는 그런 사람들은 나를 불쾌해한다. - 이런 사람들은 인간의 성향과 충동이 약하다는 견해로 우리를 오도한다. 이런 사람들이야말로 우리의 자연적 본성과 모든 자연에 대해 우리가 저지르는 불의의 원인이다! 기품을 지니고 아무런 근심 없이 자신을 충동에 맡길 수 있는 사람들이 얼마든지 있다. 하지만 이들의 자연의 '약한 본질'이라는 망상이 주는 두려움으로 인해 자연을 충동에 맡기지 못한다! 이로 인해 인간 사이에서 고귀함을 찾기가 매우 어려워진 것이다."(KSA 3, 534쪽)

따라서 니체는 이제 루소와 같이 정돈되고 평온한 상태의 자연이 아니라, 끊임없는 투쟁의 지평으로서 자연으로 돌아갈 것을 요구한다. 이러한 자연성 회복은 도덕에서뿐만 아니라 모든 문화적 요소에서 데카당스의 치료제로서 작용할 수 있기 때문이다. "나 역시 '자연으로 돌아감'을 말한다. 이것은 본래 돌아감이 아니라, 올라감(Hianufkommen)이지만 말이다. - 즉 드높고 자유로우며 심지어 섬뜩하기까지 한 자연과 자연성으로 올라감, 큰 과제를 갖고 유희하며 유희가 허락되어 있는 자연과 자연성으로의 올라감"(KSA 5, 535쪽)이다.

## 2. 자연의 도덕화

니체는 자연에 대한 인간화가 도덕에 대한 형이상학적 사유를 통해 철저히 수행되고 있다고 지적한다. 특히 니체에게 칸트와 쇼펜하우어의 도덕 형이상학은 자연에 대한 인간화 작업이 충실한 반영이었다. 이 점은 칸트가 인간의 도덕적 행위가 경험이 아니라 이성의 사실(Faktum der Vernunft)로부터 비롯된다고 주장하는 것과 밀접하게 관련되어 있다. 물론 칸트의 이러한 주장은 인간의 도덕적 행위의 기준점을 풍습과 문화와 같이 자신의 외부에 존재하는 것이 아니라, 인간의 내부에서 존재한다는 점에서 니체의 도덕적 지향점과 유사해 보인다. 그러나 칸트는 자신의 철학을 '존재하는 것'으로서의 순수이성(reine Vernunft)의 영역과 '존재해야만 하는 것'으로서의 순수 실천이성(praktische Vernunft)을 구분한다. 그리고 이와 같은 칸트의 구분법은 결국 자연을 자연법칙의 영역인 감성적 자연

(sinnliche Natur)과 도덕법칙의 영역인 초감성적 자연(Übersinnli cheNatur)으로 구분하는 것을 의미한다. 따라서 니체의 관점에서 칸트의 이러한 도덕적 자연 해석은 철저하게 자연에 대한 도덕적 해석을 의미한다.

칸트는 이와 같은 초감성적 자연을 바탕으로 인간의 실천이성을 통해 드러나는 도덕법칙이 어떠한 이성적 주체들에게도 예외 없이 나타나는 절대적이고 보편적인 도덕의 준칙(Maxime)이라고 주장한 다. 즉, 칸트에게 실천이성의 토대는 경험에 의존하지 않고 모든 이 성적 존재자를 통해 드러나는 예지적인 법칙이다. 이러한 이유에서 칸트의 정언명령(kategorischer Imperativ)이라는 실천이성의 기본 법칙은 다음과 같이 표현된다. "너의 의지의 준칙이 항상 동시에 보편적인 법칙 수립의 원리로서 타당할 수 있도록 그렇게 행위 하 라!"(KSA 3, 14쪽) 이와 같은 정언명령은 결국 '너는 해야만 한다' 와 같은 무차별적인 도덕의 조건으로 등장한다.[39]

그러나 니체는 칸트의 도덕 형이상학의 문제점을 다음과 같이 지 적한다. 첫째, 니체는 칸트의 자연에 대한 구분법에서 특히 도덕법 칙과 관계를 맺는 초감성적 자연을 원형적(archetypal nature)으로 규정하는 것은 도덕법칙의 당위성을 부여하기 위해 칸트가 창조한 일종의 허상이라고 주장한다. 니체에 따르면 칸트는 "자신의 '도덕 적 왕국'을 위한 공간을 마련하기 위해, 자신이 증명할 수 없는 세 계, 즉 논리적인 '피안'을 상정할 수밖에 없다는 사실을 깨달았

---

39) 카울바하는 칸트의 이와 같은 자연의 구분에 전제되어 있는 문제의식을 다음과 같이 제시한 다. "실천 철학에서는 '초감성적 자연'이 문제가 된다. 감성계에 속하면서도 동시에 예지계에 속하는 존재자인 인간은 감성적 세계, 즉 법칙에 따르는 현상의 총체에 행위를 통해 도덕 법 칙을 집어넣어야만 한다." 이와 관련한 논의는 F. 카울바하, 『칸트 비판철학의 형성과정과 체 계』, 백종현 옮김, 서광사, 2013, 204쪽

다."(KSA 3, 14쪽) 이것은 칸트가 자신이 규정한 도덕의 본성이 자연의 본래성을 통해 끊임없이 반박되고 있다는 사실을 자각했기 때문이다. 니체는 도덕에 대한 칸트의 신뢰가 루소적 자연이해에서 비롯된 도덕적 맹신의 결과라고 지적한다. 따라서 니체는 칸트가 소망한 덕, 보편타당성, 의무, 선 그 자체와 같은 개념들을 "삶의 하강과 삶의 최후의 소진과 쾨니히스베르크의 중국주의가 표명된 환영들"(KSA 6, 177쪽)에 불과하다고 비판한다.

둘째, 니체는 칸트가 규정하는 도덕적 행위의 주체, 다시 말해 아무런 충동도 존재하지 않고, 어떠한 인간적인 흔적, 예를 들어 단 한 방울의 피도 흐르지 않는 실체(Substanz)적 이성은 어디에도 존재할 수 없는 인간이라고 주장한다. 따라서 니체는 이러한 실체적 이성에 기반하는 실천이성의 보편타당성 역시 수용하지 않는다. 니체에게 인간의 행위는 하나의 일관된 주체에서 비롯된 것이 아니다. 따라서 인간의 행위는 모든 개체에게 동일하고 균질적인 것이 아니라, 서로 다른 충동들을 바탕으로 형상화되는 각자적인 것이다. 니체는 대다수의 인간에게 도덕적 행위의 판단은 칸트의 주장과 같이 행위 자체에 내재해 있는 것이 아니라, 문화에 의존하고 있다는 것을 지적한다. 니체는 칸트의 도덕법칙이 인간의 삶을 고양시키는 것이 아니라, 오히려 삶을 하강시킨다고 강조한다. "가장 심층적인 보존법칙과 성장의 법칙들은 그 반대의 것을 제공한다. 각자가 자기의 덕, 자기의 정언명령을 고안한다는 말이다."(KSA 6, 177쪽)

셋째, 니체는 칸트의 도덕 형이상학에 내재되어 있는 신화적 전제를 지적한다. 즉, 칸트의 도덕 형이상학은 결국 신의 나라(Reich Gottes)에 대한 갈망을 드러내는 수단에 불과하다는 것이다. "칸트는 그의 정언명령법보다 훨씬 전에 루터가 동일한 감각으로 말했다. 인간은 무조건적으로 신뢰할 수 있는 하나의 존재가 있어야 한다. 이것이 신의 존재에 대한 그의 증명이었다. 그는 칸트보다 더 조야하게 그리고 더 민중에 뿌리박은 채, 사람들이 개념이 아니라 무조건 복종하기를 원했다. 그리고 결국 칸트 역시 단지 인격에 대한 복종을 설파하기 위해 도덕이라는 우회로를 택했을 뿐이다."(KSA 3, 188쪽) 즉, 니체의 관점에서 칸트의 도덕 형이상학은 자연을 신앙(Glaube), 다시 말해 이성신앙(Vernunftglaube)을 위한 수단으로 전락시킨 것에 불과했다.

니체는 이러한 자연의 인간화가 쇼펜하우어의 도덕 형이상학을 통해서도 전개되고 있다고 지적한다. 쇼펜하우어에 따르면 인간뿐만 아니라, 표상세계의 모든 존재자는 개체화된 의지, 다시 말해 맹목적인 삶에의 의지와 관계를 맺고 있다. 특히 쇼펜하우어의 이러한 의지의 형이상학은 인간의 신체가 맹목적인 삶에의 의지를 가장 적극적으로 드러내는 수단이며, 이를 통해 현상되는 개체의 삶은 언제나 고통이라고 주장한다. 왜냐하면 표상세계의 토대는 언제나 "결핍, 부족, 고통이며 인간은 이미 근원적으로 그의 본질을 통해 이미 고통의 수중"(WWV 1, 516쪽)이기 때문이다. 이러한 이유에서 쇼펜하우어는 라이프니츠와 같은 낙관주의적 사유를 비판한다. 쇼펜하우어는 만약 라이프니츠가 "병원, 야전병원, 외과 수술실 그리고 감옥, 고문실, 노예들이 사는 허름한 방을 보여주고 전쟁터와 형장 … 마지막으로 우골리노의 아사탑"(WWV 1, 538쪽)을 차례로 본다면 절대로 세계를 '가능한 세계 중 최상'으로 규정하지 않을 것이라고 주장한다.

즉, 쇼펜하우어에게 고통은 삶의 본질적인 조건이다. 그러나 여기에서 개체는 이러한 고통을 일방적으로 수용하지 않는다. 왜냐하면 개체는 이러한 고통이라는 삶의 본질로부터 벗어나기 위해 "다른 모든 것을 이러한 것에 희생할 용의가 있으며, 바다의 물 한 방울인 자기 자신을 단지 좀 더 오래 유지하기 위해서는 세계도 멸망"(WWV 1, 550쪽)시키기 위해 노력한다. 그럼에도 불구하고 쇼펜하우어는 개체는 고통에서 벗어날 수 없으며, 고통으로부터 벗어나기 위해 노력할수록 그 고통은 더욱 심화된다고 주장한다. 이것은 고통에서 벗어나기 위해 노력한 만큼, "의지가 격렬해질수록 의지가 충동하는 현상도 그만큼 격해지고, 그러므로 고통도 그만큼 커진다. 현재의 세계보다 훨씬 격렬한 삶에의 의지를 현상으로 갖는 세계는 그만큼 커다란 고통을 자아낼 것"(WWV 1, 647쪽)이기 때문이다. 결국 쇼펜하우어는 인간의 삶에 대해 "결코 성취되지 않는 소망, 수포로 돌아간 노력, 운명에 의해 무자비하게 짓밟힌 희망, 전체 삶의 불운한 오류는, 고뇌가 커지다가 끝내 죽음에 이르는 것을 보면, 언제나 비극적"(WWV 1, 534쪽)인 것으로 규정한다.

하지만 쇼펜하우어는 표상세계와 의지세계를 매개함으로써 근원적인 고통으로부터 벗어날 수 있는 방법을 제시한다. 이것은 개체가 신체로 드러나는 의지를 자기부정(Selbstverleugnung)이라는 방법을 통해 다른 개체와 자신의 동근원성을 인식하는 것으로부터 시작된다. "어떤 사람의 눈앞에 마야의 베일, 즉 개체화의 원리가 확연히 드러나서, 그가 자신과 남을 더 이상 구별하지 않고 자신의 고통처럼 남의 고통에 커다란 관심을 가지며, 그럼으로써 언제라도 남을 도울 마음을 가질 뿐만 아니라 자신을 희생하여 남을 구할 수 있을 때 기꺼이 가장 내적이고 진실한 의식을 하는 그런 사람은 모든 생물의 무한한 고통도 자신의 고통으로 간주하고, 전 세계의 고통도 분명 자신의 것으로 받아들일 것이다."(WWV 1, 622쪽)

쇼펜하우어는 개체가 모든 존재자들에 대한 동근원성을 인식함으로써 모든 개체들에 대한 동정(Mitleid)의 상태로 나아갈 수 있다고 주장한다. 그러나 여기에서 주의해야 할 점은 "이 동정이 일어나는 즉시 타인의 쾌와 고통이 직접적으로 나의 마음에, 비록 항상 같은 정도는 아닐지라도 나의 쾌와 고통에서와 완전히 같은 방식으로 자리 잡는다. 따라서 이제 그와 나 사이의 구분은 더 이상 절대적인 것이 아니다"(WWV 1, 157쪽)라는 점이다. 쇼펜하우어에게 이런 동정의 상태는 더 이상 자신의 고통과 타인의 고통을 구분하지 않는 상태, 산스크리트어 'tat-tvam asi', "이것이 바로 너이다"(WWV 1, 586쪽)라는 사실을 자각한 상태를 의미한다.

그럼에도 불구하고 니체의 관점에서 이러한 쇼펜하우어의 도덕 형이상학은 자연을 인간적으로 해석한 것에 불과했다. 이것은 쇼펜하우어의 도덕 형이상학의 출발점인 동정이 인간의 이성으로부터 비롯된 것이기 때문이다. 쇼펜하우어에 따르면 도덕적 행위는 개체에게 일종의 성향(Gesinnung)으로 나타난다. 쇼펜하우어는 이 성향에 대해 다음과 같이 설명한다. "진정으로 착한 성향, 비이기적인 덕과 순수하고 고결한 마음은 추상적 인식에서 생기지는 않지만, 그래도 인식에서 생기는 것은 분명하다. 다시 말해 꼬치꼬치 따져서 제거할 수도 덧붙일 수도 없는 직접적인 것이며 직관적인 인식에서 생긴다. 즉, 추상적이지 않기 때문에 남에게 전달할 수 없고 전적으로 인간의 행위나 행동, 인생행로에서만 표현"(KSA 5, 589

쪽)된다. 물론 쇼펜하우어는 전통 형이상학자들과 같이 이러한 인간의 성향을 이성적 능력이라는 사실을 적극적으로 드러내지 않는다. 그럼에도 불구하고 쇼펜하우어는 이러한 성향의 근원을 인간의 이성적인 능력으로 규정할 수밖에 없다. 왜냐하면 이러한 성향은 개체화된 삶에의 의지를 부정한다는 점에서 의지 자체가 가진 요소가 아니기 때문이다.

그뿐만 아니라 니체의 관점에서 쇼펜하우어의 도덕 형이상학은 칸트의 순수한 실천이성과 같은 순수 주관적 요소를 전제한 것이었다. 쇼펜하우어는 주관은 "모든 것을 인식하지만 어떤 것에 의해서도 인식되지 않는 주체"(WWV 1, 43쪽)이다. 즉, 이러한 주관은 실체적인 것이기 때문에 칸트의 경우에서처럼 도덕의 보편타당성에 대한 전제로 작용한다. 그리고 이것은 의지를 부정하는 모든 개체가 동정이라는 공통적인 도덕규범을 갖는다는 것을 의미한다. 결국 니체의 관점에서 이러한 쇼펜하우어의 도덕 형이상학은 인간의 이성중심적인 자연 해석의 일종이다. 니체는 이를 다음과 같이 비판한다. "이 모든 개인에게 공통된 이성은 개인에게 동물처럼 개별적인 경우뿐만 아니라 전체를 연관성 있게 추상적으로 인식시키고, 곧 고뇌의 원천을 통찰하도록 가르쳤다. 또 공통된 희생을 치름으로써 고뇌를 덜거나 또는 되도록 없애 버리려는 수단을 강구하도록 만들었다."(KSA 5, 548쪽)

또한 쇼펜하우어가 동정으로 나아갈 수 있는 방법, 다시 말해 개체의 자기부정은 궁극적으로 이성적 능력을 통해 신체의 충동을 부정할 수 있는 길을 제시하는 것이다. 그리고 이것은 니체에게 이성에 대한 신체의 우위를 주장하는 전통 형이상학적 사유에 불과했다. 쇼펜하우어는 개체가 자기부정을 통해 신체를 통해 나타나는 삶에의 의지를 부정할 수 있다고 주장한다. 물론 쇼펜하우어는 신체를 통해 인식이 시작된다는 것을 밝히고 있다. 그러나 니체에 따르면 신체성(Leiblichkeit)이란 이성적 능력인 인식을 통해 부정할 수 있는 성질을 의미하지 않는다. 왜냐하면 니체에게 인간은 전적으로 몸이고, 그 밖에 아무것도 아니기 때문이다. 즉, 니체의 관점에서 몸을 통해 드러나는 충동은 오히려 인식능력을 지배한다. 이러한 맥락에서 니체에게 몸은 큰 이성(grosse Vernunft), 정신은 작은 이성(kleine Vernunft)이라고 정의된다. 결국 니체가 보기에 쇼펜하우어의 신체 개념은 여전히 전통 형이상학적 사유에 머물러 있는 것이었다.[40]

## 3. 자연의 왜소화

니체의 관점에서 이와 같은 자연의 도덕화는 모두 자연에 대한 금욕주의적 이해를 토대로 전개된 것이다. 니체에 따르면 자연에 대한 금욕주의적 이해는 인간의 삶을 빈곤하게 만들었을 뿐만 아니라, 인간 자체를 왜소하게 만드는 것이었다. 니체는 이러한 인간의 왜소화가 다음과 같은 문제를 야기한다고 주장한다. "인간의 자기 왜소화는, 자기 왜소화를 향한 인간의 의지는 코페르니쿠스 이래로

---

40) 이진영은 이와는 달리 쇼펜하우어의 신체개념을 전통 형이상학의 해체과정으로 보며, 니체의 몸을 쇼펜하우어의 신체이해의 연장선상에서 고찰한다. 그러나 저자는 쇼펜하우어의 신체개념이 니체가 지적한 바와 같이 쇼펜하우어의 사유에서 해결할 수 없는 보순점을 안고 있다고 본다. 그것은 의지가 이성을 통해 폐기되는 과정과 관련된 모순이다. 쇼펜하우어의 의지 극복에 대한 이진영의 논의는 이진영, 「쇼펜하우어의 신체개념 연구」, 『범한철학』, 범한철학회, 2018, 228쪽 이하 참고.

끊임없이 증가된 것은 아닐까? 아, 존재의 서열 가운데 인간의 존엄성, 유일성, 대체 불가능성에 대한 믿음은 사라졌다. - 인간은 동물이 되어 버렸다."(KSA 5, 404쪽) 그러나 니체는 자연에 대한 금욕적 이해는 결코 근대에서 시작된 것이 아니라, '명상적 인간'이라는 인간의 유형을 통해 오래전부터 전승된 것이라고 지적한다.[41)]

니체는 '명상적 인간'이 자연을 비활동적이고, 사변적이며 비전투적으로 정신화시켰다고 주장한다. 물론 '명상적 인간'도 힘에의 의지의 고양, 다시 말해 "자기 자신 안에서 그 자신에 반하는 모든 가치판단을 발견"(KSA 5, 349쪽)할 수 있었다. 그러나 명상적 인간은 "자기 자신에 대한 잔인성과 창조적인 자기 거세"(KSA 5, 360쪽)를 통해 초월적 세계의 삶을 갈망한다. 여기에서 '지금 여기'라는 인간의 삶의 토대는 초월적 세계를 위한 희생적 공간으로 규정된다.

니체에 따르면 명상적 인간은 금욕주의적 이상을 통해 힘에의 의지의 퇴화와 외부의 힘에 대한 자기 방어를 추구한다. 그러나 니체의 관점에서 이와 같은 삶의 방식은 모순적인 것이었는데, 이것은 니체가 인간을 언제나 의욕 하는 과정을 통해 힘에의 의지를 고양시키는 존재로 규정하기 때문이다. 심지어 니체는 인간이 "아무것

---

41) 특히 니체는 이러한 금욕주의적 이상이 예술가, 철학가, 성직자들의 긴밀한 연관성 속에서 문화의 보편적 현상으로 나타난다고 주장한다. 특히 니체는 예술가들이 철학적·신학적 사유와 깊은 연관성 속에서 논의한다는 사실을 다음과 같은 과격한 어조로 비판한다. "어느 시대에나 어떤 도덕, 어떤 철학, 어떤 종교의 시종"이며 "예술가들은 결코 독립해 있지 못하며, 홀로 선다는 것은 그들의 가장 깊은 본능에 위배되는 것"이다. 따라서 니체는 근대의 예술가, 특히 바그너의 예술이 그리스도교적 사상과 쇼펜하우어의 사유를 표현하고 있다고 주장한다. 그러므로 니체의 관점에서 바그너의 예술은 그리스도교와 쇼펜하우어의 문제점을 그대로 수용하고 있었다. 특히 니체에게 쇼펜하우어의 예술은 고통으로부터 벗어나기 위한 금욕주의적 이상의 전형으로 인식된다. "'한 철학자가 금욕주의적 이상을 신봉한다면, 이것은 무엇을 의미하는 것인가'라는 우리의 최초의 물음으로 돌아간다면, 우리는 여기에서 하나의 힌트를 얻게 된다.: 그 철학자는 고통에서 벗어나려고 한다는 것이다." 이와 관련한 논의는 Friedrich Nietzsche, KSA 5, 349쪽.

도 의욕 하지 않는 것보다, 오히려 허무를 의욕 한다"(KSA, 339쪽)고 주장한다. 즉, 니체에게 모든 존재자는 모든 수단과 방법을 가리지 않고 힘의 고양을 위해 투쟁하는 존재이다. 따라서 인간은 자신의 힘이 완전히 방출될 수 있고 최대한의 힘의 감정을 표출할 수 있는 최선의 조건을 본능적으로 추구한다. 결국 니체는 금욕주의적 이성의 이면에는 "견줄 데 없는 원한이, 즉 삶에의 어떤 것에 대해서가 아니라, 삶 자체, 그 가장 깊고, 강력하며, 가장 기저에 있는 조건들을 지배하고 싶어 하는 기갈 들린 본능과 힘 의지의 원한이 지배"(KSA 5, 363쪽)함이 존재한다. 그러므로 니체는 금욕주의적 이상을 '명상적 인간'으로 하여금 자신의 힘에의 의지를 적극적으로 드러내게 하는 기만적 수단이자 "삶을 보존하기 위한 기교"(KSA 5, 366쪽)라고 평가한다.

니체의 관점에서 '명상적 인간'이 수행한 모든 가치의 정신화는 오직 자신의 생존을 위해 모든 존재자를 기만한 것이다. 니체는 '명상적 인간'의 이러한 태도를 다음과 같이 묘사한다. "최고의 가장 대담한 정신성을 추구할 수 있는 조건을 바라보면서 웃음 짓는다. - 따라서 그는 '생존'을 부정하지 않는다." 그는 이 점에서 오히려 자신의 생존을, 오직 자신의 생존만을 긍정한다. 그는 아마도 이것을 "세계가 망할지언정, 철학(금욕주의적 이상)은 살고… 나도 살아남으리라!"(KSA 5, 356쪽) '명상적 인간'은 이러한 이념 아래에서 모든 가치의 정신화를 수행했다. 니체는 이러한 과정을 통해 모든 문화는 데카당스적으로 변모했다고 지적한다.

니체는 여기에서 언급되는 '명상적 인간'이 특정한 종족이나, 특정한 계층에 국한되는 개념이 아니라, 모든 종족과 계층 속에 은닉

되어 있는 대중적 인간의 모습이라고 주장한다. 이것은 결국 니체에게 '명상적 인간'이라는 인간의 유형은 인간이 불완전하다는 것을 의미한다. 물론 인간은 실존적 삶의 도상이라는 이상적인 삶의 모습에서 "위대한 자기 실험자이며 최후의 지배를 위한 동물, 자연, 신들과 싸우는 만족할 줄 모르는 자아가 싫증을 모르는 자인 인간 - 언제나 정복되지 않는 자, 자기 자신의 충동력 때문에 결코 휴식을 모르는 영원히 미래적인 존재"(KSA 5, 365쪽)이기를 소망했다. 그러나 대부분의 인간은 결국 힘에의 의지를 통해 자신의 삶을 고양시키지 못했고, 이러한 삶의 불확실성, 모든 것이 확정되지 않은 채 불안한 생태로 지속되는 삶의 긴장을 견딜 수 없었다. 즉, 인간이 자신의 삶을 완결된 상태, 다시 말해 힘에의 의지의 유지와 같은 편안함과 익숙함을 갈망하는 것은 너무나 당연한 일이었다. 니체는 이러한 삶의 모순적 구조를 다음과 같이 표현한다. "이처럼 용기 있고 풍요로운 동물이 어째서 또한 가장 위험하고, 모든 병든 동물 가운데 가장 오래 가장 깊이 병든 존재가 아닐 수 있겠는가?" (KSA 5, 365쪽)

니체는 이러한 실존의 부조리함에도 불구하고 '명상적 인간'을 비판한다. 이것은 '명상적 인간'이 힘에의 의지에 대한 이중적인 태도를 지니기 때문이다. 즉, '명상적 인간'은 자신의 힘에의 의지를 고양시킨 것이 아니라, 타인을 왜소하게 만드는 과정을 통해 타인에 대한 우월적 힘을 유지하고자 했다. 니체는 이러한 과정이 다음과 같이 진행되었다고 지적한다. '명상적 인간'은 자신들이 가장 무력한 자들이라는 사실을 깨닫고, 자신들의 힘으로 제압할 수 없는 상대, 위대한 인간들을 증오했다. 그들의 증오는 여기에서 멈추지 않고 신체와 정신의 가치를 전도시키는 과정을 통해 자신들의 우위를 실현하고자 했다. "명상적 인간들은 '나쁜 적'을, '악한 사람'을 생각해 내고, 사실 그것을 근본 개념으로 저기에서 그것의 잔상(殘像) 또는 대립물로 다시 한번 '선한 인간'을 생각해 낸다."(KSA 5, 361쪽)

그 결과 약하고, 왜소한 인간은 자신의 고통의 원인과 원한의 대상을 외부에서 찾는다. '명상적 인간'의 전도는 여기에서 머무르지 않고 원한의 방향을 외부에서 내부로 전도시킨 것이다. 니체는 이러한 과정을 다음과 같이 묘사한다. "맞다. 나의 양이여! 그 누군가 그것에 대해 틀림없이 책임이 있다.: 그러나 너 자신이 이러한 그 누군가이며, 오로지 너 자신이야말로 이것에 대한 책임이 있다. - 너 자신이 오로지 네 스스로에 책임이 있다."(KSA 5, 375쪽)

니체는 이러한 '명상적 인간'의 행위가 실존적인 고통으로부터 인간을 구원하기 위한 것이 아니라, 오히려 인간에게 고통을 유발하기 위한 것이라고 주장한다. 왜냐하면 '명상적 인간'들은 고통을 인간을 길들이는 수단으로 사용했기 때문이다. "그는 상처에서 오는 고통을 가라앉히면서, 동시에 상처에 독을 뿌린다. - 무엇보다도 이 마술을 사용하는 자이며 맹수를 길들이는 자인 그는 이 일을 능숙하게 하며, 그의 주변에서 건강한 자는 모두 반드시 병들게 되고, 병자는 반드시 유순하게 된다."(KSA 5, 373쪽)

또한 니체는 '명상적 인간'이 약자들에게 권장한 '이웃 사랑'을 바탕으로 무리를 형성하는 '공동체' 이면에는 힘에의 우월을 드러내고 싶은 약자들의 욕망이 존재한다고 지적한다. 다시 말해, 약자들에게 무리를 이루라고 요청하는 것은 "근본적으로 가장 강력하고 가장 삶을 긍정하는 충동의 자극, - 즉 힘에의 의지의 자극을 처방하는 것"(KSA 5, 382쪽)이다. 그러나 '명상적 인간'은 표면적으로 힘의 자극을 부정하며, 힘에의 의지의 하강만이 참된 진리인 것처럼 행동한다. 니체는 '명상적 인간'이 이러한 기만적 술책으로 자신의 힘에의 의지를 고양시킨다고 보았다. 따라서 '명상적 인간'은 인간의 실존적 삶을 건강으로 인도하는 것이 아니라, 삶을 파국으로 몰락시키는 데카당스였다.

니체에 따르면 이러한 '명상적 인간'의 가르침은 오늘날까지 진리로 신봉되어 왔고, 인간은 고통에 대한 아무런 실존적 의미를 부여하지 못한 채, 고통에 대한 왜곡적 의미를 수용하게 되었다. 니체는 이러한 과정을 다음과 같이 묘사한다. "그는 명백히 승리했고, 그의 왕국이 도래했다.: 이미 사람들은 고통에 대항해 더 이상 탄식하지 않았고 고통을 갈망했다."(KSA 5, 390쪽) 그리고 니체는 이러한 고통의 해석이 초월적인 세계라는 단 하나의 목표를 위한 것이라고 주장한다. 이들의 "금욕주의적 이상은 하나의 목표를 가지고 있다. … 이 이상은 시대, 민족, 인류를 가치 없이 이 하나의 목표에 비추어 해석한다. 그것은 다른 어떤 해석이나 다른 목표를 허용하지 않는다."(KSA 5, 395쪽) 다시 말해, 니체는 인간의 고통은 '지금 여기'라는 실존적 삶의 자양분으로 해석될 수 있었지만, 모든 가치의 정신화를 통해 인간은 고통을 오직 초월적 삶을 위한 희생으로 인식한다. "금욕주의적 이상은 인류에 하나의 의미를 주었던 것이다! 그것은 지금까지 유일한 의미였다. 어떤 의미가 있다는 것은 아무런 의미도 없다는 것보다는 낫다. 금욕주의적 이상은 어떤 점에서 보더라도 지금까지 있었던 최상의 '어쩔 수 없는 것'이었다. 이 이상 속에서 고통이 해석되었다"(KSA 5, 410쪽)

2장

# 도덕과 문화의 자연화

## 1. 정동으로서 도덕

앞에서 언급한 바와 같이, 니체는 자연의 인간화를 단호히 거부
한다. 그리고 이것은 자연의 인간화에 함의되어 있는 자연에 대한
왜곡, 다시 말해 이성중심적인 사유를 바탕으로 개념적이고 보편적
인 자연이해에 대한 거부를 의미한다. 니체의 관점에서 인간의 본
성은 자연의 본성과 마찬가지로 개념적으로 사유될 수 없는 것이었
다. 니체는 이를 다음과 같이 표현한다. "어떤 사람이 아무리 폭넓
게 자신을 인식하고자 하더라도 그의 본질을 구성하는 충동들 전체
를 인식하는 것보다 더 불완전한 것"(KSA 3, 111쪽)은 없다.

니체의 이와 같은 주장은 인간을 힘에의 감정(Gefühl von
Macht)과 같은 충동으로 해석하려는 그의 의도가 전제되어 있다.
그리고 이러한 니체의 사유는 도덕을 인간의 정동(Affekt)[42]을 드러

---

42) 니체의 정동은 인간에게 그때마다 드러나는 힘에의 의지를 구체적으로 표현한 개념이다. 이상
범 역시 니체의 정동 개념을 다음과 같이 강조한다. "니체의 철학에서 정동(Affekt)은 인간이
절대적 진리와 이성적 주체로서 자기 자신과 세계를 이해하는 합리적 존재가 아니라, 자신의
감정에 따라 매 순간 정신과 의지의 변화를 직접 인식하고 체험하는 존재라는 사실을 보증해
주는 개념이다." 또한 이상범은 본 논문을 통해 정동을 힘에의 의지와 관련한 다양한 층위에
서 고찰하고 있다. 이와 관련한 논의는 이상범, 「니체의 개념 "힘에의 의지"의 심리학적 해명
- 그의 "정동(Affekt)" 개념을 중심으로」, 『니체연구』 제29집, 2018, 46쪽 이하 참고.

내는 기호로서 규정하는 것을 통해서도 나타난다. 물론 니체는 도덕이 개체의 일시적이고, 순간적인 충동의 표현으로 생성된다고 주장하지 않는다. 그럼에도 불구하고 도덕은 인간의 충동과 관계성 속에서 지속된다. 니체의 관점에서 이 점은 도덕의 근원에 대한 계보학적 고찰을 어렵게 만드는 원인이다. 여기에서 충동은 필연적인 법칙에 의한 것이 아니라, 우연에 의해 또는 인간이 인식할 수 없는 충동에 의존하고 있기 때문이다.

니체는 이와 같은 충동의 특징을 다음과 같이 설명한다. "매일 겪는 우리의 체험은 어떤 때는 이 충동에, 어떤 때는 저 충동에 먹이를 던지며, 이 충동들은 이 먹이들을 탐욕스럽게 붙잡는다. 그러나 이 사건들의 전체적인 진행은 충동들 전체가 갖는 영양에 대한 욕구와 합리적인 연관이 전혀"(KSA 3, 111쪽) 없다. 즉, 여기에서 도덕은 여러 사람의 다양한 충동과 관계를 통해 형성된다. 이러한 충동과 도덕의 관계를 니체는 다음과 같이 제시한다.

"우리가 어느 날 시장을 지나갈 때 어떤 사람이 우리를 비웃고 있다는 사실을 알아챘다고 치자. 그때 마침 우리 안에서 어떤 충동이 최고조에 있는지에 따라 이 사건은 우리에게는 다른 의미를 갖게 된다. 우리가 어떤 종류의 사람인지에 따라 그것은 전혀 다른 사건이 된다. … 어떤 사람은 '과연 우스운 것이란 무엇인가'에 대해 사색했고, 어떤 사람은 자신은 자신이 의도하지 않았는데도 세계의 유쾌함과 밝음을 증대시켰다는 것에 대해 기뻐한다. 어떤 경우든, 즉 분노의 충동이든 싸우고 싶은 충동이든 사색의 충동이든 호의를 베풀고 싶은 충동이든 하나의 충동은 여기서 만족을 얻는

다."(KSA 3, 114쪽)

　　니체에 따르면 인간의 경험은 항상 서로 다른 충동과 관계 맺고
있다. 그뿐만 아니라 인간 경험은 인간 스스로가 인식하지 못하는
무의식과 연결되어 있다.[43] 니체의 이러한 주장은 자신의 경험과 충
동을 인과적으로 연결시키려는 인간의 인과적 인식이 오히려 비합
리적이라는 것을 의미한다. 니체의 관점에서 인간의 의식은 언제나
무의식을 수반하며, 의식과 무의식은 충동을 매개로 끊임없이 상호
작용 한다. 따라서 니체는 충동의 관점에서 본다면 꿈과 현실은 동
등한 존재론적 가치를 갖는다고 주장한다. "충동들은 대부분, … 꿈
속의 음식물을 통해 만족될 수 있다. 내 추측에 의하면, 우리의 꿈
들은 낮 동안 우연히 음식물이 없었던 상태를 어느 정도까지 보상
하는 가치와 의미"(KSA 3, 112쪽)인 것이다. 다시 말해, 니체는 우
리에게 인식되지 않는 꿈도 다양한 반응들을 통해 각각의 충동에
활동 공간을 부여하고 충동을 충족시키는 역할을 수행한다고 주장
한다. 그리고 이것은 니체에게 꿈이 단순히 현실의 이차적인 투사
물로 머물러 있는 것이 아니라, 현실에서도 적극적인 역할을 수행
하는 충동의 일종이라는 것을 의미한다. "우리는 그와 같은 꿈의
체험 덕분에 더욱 풍부해지기도 하고 가난해지기도 하며, 좀 더 많
은 욕망을 갖기도 하고 좀 더 적은 욕망을 갖기도 하며, 결국 빛이
비추는 대낮에, 그리고 우리의 정신이 깨어 있는 가장 밝은 순간에

---

43) Paul-Laurent Assoun은 니체가 표현한 인간 내면의 충동과 무의식들이 프로이트의 무의식과
　　성적인 담론 그리고 꿈과 상징과 밀접하게 관련되어 있다고 주장한다. 이와 관련한 논의는
　　Paul-Laurent Assoun, *Freud and Nietzsche*, Translated by Richard L. Collier, JR, Coutinuum,
　　London, 2000, 98쪽 이하 참고.

도 어느 정도는 꿈의 습관에 의해 조정당한다."(KSA 5, 114쪽) 이러한 이유에서 니체에게 인간의 행위는 수많은 충동들이 무질서하게 드러나는 지평의 연속이며, 따라서 행위와 충동에 대한 인과적 해석은 "비이성적 방법을 통해, 즉 하나의 우연을 통해 세계에 나타난 것"(KSA 3, 116쪽)에 대한 과장된 해석에 불과한 것이다.

결국 니체의 관점에서 인간의 행위는 정확한 충동의 근거를 제시할 수 없으며, 인간의 행위는 인과관계에 따라 개념적으로 예측 불가능한 것으로 규정된다. 그리고 니체의 이러한 사유는 그의 도덕 개념이 기존의 도덕과는 전혀 다른 전제로부터 시작된다는 것을 의미한다. 즉, 니체에게 도덕은 초월적인 기원으로부터 형성된 것도 아니며, 합리적이고 논리적인 인간의 이성적 능력을 통해 형성된 것을 의미하지 않는다. 왜냐하면 기존의 전승된 도덕은 니체의 관점에서 어떠한 도덕적 정당성도 확보할 수 없었기 때문이다.

슈베펜호이저는 니체의 이러한 도덕에 대한 논의를 다음과 같이 구분한다. 첫째, 니체에게 도덕은 올바른 삶과 행위에 대한 가르침이며, 행복에 대한 가르침, 즉 좋은 것에 대한 철학적 학문이라는 의미이며, 둘째, 아주 포괄적인 의미에서 일종의 형이상학적 세계해석으로서, 즉 삶의 규범적인 해석이다.[44]

니체는 "오늘날 유럽에서의 도덕 감각은 섬세하고 노숙하며 다양하고 민감하며, 세련되었는데 그에 속하는 '도덕학(Wissenschaft der Moral)'은 아직 젊고 미숙하며 서툴고 조야하다"(KSA 5, 186쪽)고 주장한다. 물론 니체가 여기에서 분과 학문으로서의 도덕학의 미숙을 지적한 것은 결코 도덕의 학문화를 옹호하는 것이 아니

---

44) 슈베펜호이저, 『니체의 도덕철학』, 홍기수 옮김, 울산대학교출판부, 2009, 13쪽 이하 참고.

다. 이것은 니체의 도덕 개념이 가진 탈보편성으로부터 기인하는 특징이다. 그러므로 니체에게 도덕학은 오직 계보학의 관점에서 논의될 수 있다.

그뿐만 아니라 니체는 근대의 도덕적 규범이 노숙하며, 민감하고 다양하다고 규정한다. 그러나 이때 도덕 감각의 발전은 일반적인 의미의 발전이 아니라, 오히려 인간의 충동을 통한 강제와 타인에 대한 지배의 강화를 의미하는 것이다.(KSA 5, 108쪽) 왜냐하면 니체에게 도덕의 발전은 힘에의 의지와 같은 자신의 충동을 타인에게 강제하기 위한 수단의 세분화를 의미하기 때문이다. 그러므로 여기에서 모든 도덕은 자의적인 법칙의 강제이며, 개체의 자유에 대한 억압을 통해 실현된다.

물론 니체는 이러한 도덕적 강제를 무조건적으로 옹호하지 않는다. 왜냐하면 도덕의 지나친 발전은 문화를 고양하기 때문이다. 다시 말해, "모든 폭력적인 것이 … 강함과 무자비한 호기심과 미묘한 활동성을 갖춘 유럽 정신을 육성시킨 수단임이 밝혀졌다. (그러나) 우리가 시인해야 할 사실은 이때 힘과 정신도 마찬가지로 회복할 수 없을 정도로 많이 억압당하고 질식당했으며 부패되지 않을 수 없었다"(KSA 3, 109쪽)는 사실이다. 즉, 니체의 관점에서 도덕에 대한 인간의 감정은 타인에 대한 억압과 강제를 통해 발전했으며, 이와 같은 과정을 통해 인간의 힘과 정신은 왜소화라는 데카당스적 하강의 국면을 맞이하게 된다. 결국 니체에게 도덕이 발전한다는 것은 인간이 가축처럼 길들여지는 도덕적 규제의 심화라는 것을 의미한다. 니체는 이러한 도덕적 명법을 다음과 같이 표현한다. "그대는 누군가에게 오랫동안 복종해야만 한다. 그렇지 않으면 그대는

파멸하게 되며 그대 자신에 대한 마지막 존경심마저 잃어버리게 된다."(KSA 5, 110쪽)

그러나 인간은 어느 순간부터 도덕에 내포되어 있는 반이성적 특징, 다시 말해 도덕의 발전은 타인에 대한 억압을 수반했고, 도덕적 명법이 정언적인 것이 아니라는 사실을 인지하지 못했다. 그 결과 인간은 도덕의 기원을 자신의 이성 혹은 초월적인 기원으로로부터 부여된 것으로 간주했고, 도덕적 규범을 논리적이고 합리적일 뿐만 아니라 법칙적인 것이라고 간주했다. 니체는 인간이 도덕을 이러한 사유로 규정했기 때문에 "현존하는 모든 것을 도덕과 연관시켰고 세계에 윤리적인 의미를 부여"(KSA 3, 19쪽)했고 이를 기반으로 세계를 인식했다고 주장한다. 니체는 이러한 예를 다음과 같이 제시한다. "예를 들어 정해진 시간에 정해진 목욕을 하라는 규정이 있다고 치자. 사람들은 몸을 깨끗이 하기 위해 목욕을 하는 것이 아니라, 목욕을 한다. … 사람들은 미신적인 불안에 쫓겨 불결을 씻어내는 것에 훨씬 더 많은 의의를 두어야 한다고 잘못 추측한다. 사람들은 불결을 씻어내는 행위에 제2, 제3의 의의를 부여한다." (KSA 3, 42쪽)

따라서 니체는 도덕을 더 이상 논리적이며, 법칙적인 것으로 규정하지 않는다. 그러나 여기에서 주목해야 할 점은 니체가 도덕 자체를 부정하지 않는다는 점이다.[45] 왜냐하면 니체에게 도덕 비판은

---

45) 이에 대해 전정진은 니체의 사유가 모든 도덕을 부정하는 비도덕주의자(immoralist) 혹은 비도덕주의(immoralism)로 해석되는 것을 경계한다. "니체가 스스로를 강력한 도덕의 비판자라는 점에서, 그리고 그가 스스로 '비도덕주의자'라는 이름을 즐겨 사용했을 뿐만 아니라 도덕에 의해 본래의 가치를 박탈한 '반도덕적(unmoralisch)' 가치에 대한 자신의 선호를 적극적으로 표명했다는 점에서 니체에 대한 이러한 평가는 한편으로 정당한 것"이라고 주장한다. 그럼에도 불구하고 니체의 사유는 도덕철학의 단초를 제공하고 있다는 점은 부인할 수 없을 것이다. 전정진, 『니체 도덕철학의 자연주의적 해석』, 전남대학교 박사학위 논문, 2015, 20쪽 이하 참고.

도덕으로부터의 도피를 의미하는 것이 아니라, 문화의 데카당스를 극복하기 위한 수단적 성격을 갖기 때문이다.


## 2. 풍습으로서 도덕

니체는 도덕에 대한 계보학적 고찰을 통해 도덕의 형식적 기원이 풍습(Sitte)이라고 주장한다.[46] 니체에게 풍습이란 인간의 관습적인 행위와 이에 대한 강제를 수반하며, 이러한 강제에 대한 규범화가 바로 풍습의 윤리(Sittlichkeit der Sitte)라는 도덕의 일종이다. 그러나 여기에서 풍습은 단지 인간에게 유익한 관습만을 의미하지 않는다. 니체는 인간이 풍습의 윤리가 자신에게 유익하기 때문에 복종하는 것이 아니라, 풍습을 강제하기 때문에 복종해야 하는 권위를 갖고 있다고 지적한다. 따라서 만약 인간에게 풍습이 강제하지 않는 영역이 존재한다면, 인간이 복종해야 할 윤리는 더 이상 존재하지 않는 것이다. 그러므로 니체는 풍습의 강제가 인간이 선택적으로 수용할 수 있는 성질이 아니라 인간의 희생을 통해 강요된 것이라고 주장한다. 즉, 풍습의 윤리는 현재의 도덕적 관습과 전혀 다른 발전의 방향성을 갖고 있었다.[47] 니체는 이러한 예를 다음의 인용문

---

46) 이상엽은 니체가 도덕적 사유의 초기부터 도덕과 풍습의 윤리를 엄밀하게 구분한 것이 아니라고 지적한다. 특히 이상엽에 따르면 니체는 자신의 비교적 초기 작품에 해당하는 『인간적인 너무나 인간적인』과 같은 작품에서 도덕과 풍습의 윤리를 동일한 의미로 사용하고 있다고 주장한다. 그러나 본고에서는 논의의 편의를 위해 풍습의 윤리는 도덕이 형성되기 이전의 관습적인 형태로서 규정하고자 한다. 이와 관련한 주장은 이상엽, 『니체의 문화철학』, 울산대학교 출판부, 2009, 114쪽.

47) 그러나 니체의 이러한 구분법은 "인류가 수천 년 동안 살아온 삶의 방식과 비교할 경우 오늘날 우리 인간들은 극히 비윤리적인 시대"에 살고 있다고 하는 주장과 맞물려 다양한 측면이 윤리를 촉발한다. 그러나 니체의 이러한 주장은 윤리를 인과의 문제와 연결시키는 것과 밀접한 관련성 속에서 해석되어야 한다. 앞에서 언급한 바와 같이, 니체는 윤리의 문제를 인과의 문제와 연결시킨다. 즉, 인간에게 "인과관계에 대한 감각이 증대함에 따라 윤리가 지배하는 영

을 통해 제시한다. 풍습은 "괴로워하는 것과 잔혹과 위장과 복수와 이성의 부인을 덕으로 간주하는 반면, 만족과 지식욕과 평화와 동정은 위험으로, 동정을 받는 것은 모욕"(KSA 3, 30쪽)으로 규정한다. 왜냐하면 풍습의 윤리는 합리적이고, 논리적인 이성을 바탕으로 형성된 것이 아니기 때문이다.

니체에 따르면 풍습의 윤리는 인간의 힘에의 의지가 원시적인 방법으로 결합한 것이었다. 니체는 이러한 풍습의 형성 과정을 다음과 같이 묘사한다. "소수의 사람들은 행위와 (그 행위의) 결과에 대해 새로운 관찰을 하고 그러한 관찰들에서 결론과 법칙을 이끌어낸다. 극소수의 사람들은 여기저기서 어떤 믿음에 따를 경우 부딪히게 되는 장애를 경험하면서 그러한 믿음"(KSA 3, 25쪽)으로 형성된 것이다. 따라서 이러한 비이성적 토대에서 형성된 풍습의 윤리는 "결과 그 자체가 예측될 수 없거나 여러 가지로 해석될 수 있고 모호함"(KSA 3, 35쪽)을 내포한다.

그러나 풍습의 윤리의 강제성은 절대적인 권위를 갖고 있지 않다. 왜냐하면 풍습의 윤리는 지금과는 전혀 다른 형태로 완전히 새롭게 창조될 수 있었고, 언제나 가공될 수 있었기 때문이다. 이것은 풍습의 윤리를 새롭게 창조할 수 있는 인간, 다시 말해 기존의 풍습으로부터 벗어날 수 있는 인간에게 풍습은 자신의 힘에의 의지를 각인시킬 수 있는 대상이라는 것을 의미한다.

물론 여기에서 힘에의 의지는 단지 신체적인 힘만을 의미하지 않

역의 범위"가 축소된다는 것이다. 왜냐하면 풍습의 윤리를 지배해 왔던 신비한 힘은 이성을 기반으로 한 인과관계를 통해 파괴될 수밖에 없기 때문이다. 따라서 인간은 풍습의 윤리를 기반으로 하는 공상적인 인과관계가 파괴될 때마다 자신을 억압하던 풍습의 윤리에 대한 두려움으로부터 벗어날 수 있었다. 그러므로 니체가 근대인들을 지극히 비윤리적인 시대에서 살고 있다고 평가한다는 것을 의미한다. 이와 관련한 논의는 Friedrich Nietzsche, KSA 3, 24쪽.

는다. 니체는 "풍습을 넘어서고자 하는 사람은 입법자, 혹은 마술로 병을 고쳐주는 사람, 그리고 일종의 반신(半神)"(KSA 3, 24쪽)과 같은 초자연적인 힘을 가진 자이기도 했기 때문이다.

또한 풍습의 윤리는 개별적인 인간만을 대상으로 하지 않는데, 이것이 바로 니체에게 개별적인 인간에 대한 강제와 억압을 실행하는 형벌과 풍습의 윤리가 구분되는 지점이다. 즉, 풍습의 윤리는 한 개체가 풍습을 어긴다고 할지라도 이 행위의 형벌은 풍습을 어긴 특정한 개체가 아니라, 공동체에게 가해진다. 예를 들면 궂은 날씨로 공동체가 피해를 입는다면, 궂은 날씨는 어떤 신비한 힘이 풍습의 윤리를 어긴 개체와 개체가 속한 공동체에 부과되는 형벌인 셈이다. 그러므로 "수천 년 동안 사람들은 사물들(자연물, 도구, 모든 종류의 소유물)에 생명과 혼이 있고 인간에게 손해를 끼칠 수 있으며 인간이 뜻대로 할 수 없는 독자적인 힘이 있다고 생각해 왔다."(KSA 3, 34쪽) 이러한 이유에서 공동체는 풍습에 대한 형벌을 "초자연적이어서 그것이 어떻게 나타나고 어느 정도로 가해질지를 파악하기 어려운 극도의 불안"(KSA 3, 23쪽)으로 인식한다.

니체는 이러한 불안과 초초함이 바로 모든 도덕에 내재되어 있는 도덕에 대한 근원적 감정이라고 주장한다. "그것은 관습에 깃들어 있다고 생각되는 좀 더 높은 명령하는 지성과 이해할 수 없는 불명료한 힘에 대한 두려움이고, 개인적인 것 이상의 무엇인가에 대한 두려움"(KSA 3, 22쪽)이다. 이렇게 모든 도덕에 내재해 있는 징벌에 대한 두려움과 공포는 도덕을 유지할 수 있는 일종의 원동력이다. 결국 니체는 풍습의 윤리가 인간에 대한 억압과 강제를 통해 유지, 발전했다고 주장한다. 그러나 여기에서 억압과 강제는 개체에게 향한 것이 아니라, 공동체에 가해지는 것이다. 이것은 풍습의 윤리의 형벌이 주로 초자연적인 힘에 의한 우연적 결합에 의존했기 때문이다. 그러므로 니체의 관점에서 이러한 두려움과 공포는 온전히 인간 개인의 감정이 아니라, 문화적으로 학습을 통해 전승된 것이라고 주장한다. 다시 말해, 인간은 자신보다 우월한 힘에 대한 두려움과 공포를 학습하고 여기에 복종하고자 하는 감정을 강요받고 그것을 자신의 본성으로 여기게 되는 것이다. "우리는 왜 그것을 받아들이는가? 다시 말해 두려움 때문이다. 즉 우리는 그것들이 우리 자신의 것인 듯한 태도를 취하는 것이 상책이라고 생각하는 것이다. 우리는 이 생각에 길들여지고 마침내 그것은 우리의 본성이 되고 만다."(KSA 5, 102쪽)

니체는 이와 같은 도덕적 형식에 대한 감정의 전승이 결국 "특정 행위들에 대한 어른들의 강한 호감과 반감을 알아챈 아이들이 원숭이처럼 이러한 호감과 반감을 모방"(KSA 3, 114쪽)하는 것과 유사하다고 지적한다. 인간은 시대를 막론하고 무리를 통해 집단을 형성했으며, 자신들이 창조한 문화 속에서 삶을 영위했다. 니체는 이를 근거로 인간의 도덕적 감정뿐만 아니라 모든 감정이 인간의 자발적인 본성과 관련이 있는 것이 아니라, 오히려 학습되고 전승된 문화의 일종이라고 지적한다. 니체는 인간의 "감정은 궁극적인 것도, 근원적인 것도 아니다. 감정의 배후에는 판단과 가치 평가는 감정(호감과 반감)의 형태로 우리에게 유전된다. … 그리고 이러한 판단은 어쨌든 그대 자신의 것이 아니다! 자신의 감정을 신뢰하는 것은 우리 내부에 깃든 신들보다는 우리의 조모와 조부, 더 나아가 조부모에 복종하는 것"(KSA 3, 114쪽)이라고 주장한다.

그뿐만 아니라 니체는 이러한 감정의 전승이 인간의 이성적인 능력으로부터 기인한 것이 아니라 동물적인 기능에 기반한 생존 본능이라고 주장한다. 니체는 이와 같은 생존 본능의 예를 다음과 같이 제시한다. "많은 동물들은, 예를 들어 몸의 색을 주변의 색에 적용시키거나, 죽은 체하거나, 다른 동물, 모래, 잎, 이끼, 해면의 형태 또는 색으로 가장"(KSA 3, 36쪽)하는 것과 동일하게 인간은 자신의 문화 속에서, 다시 말해 "개념의 보편성이나 사회 밑에 숨기고 군주, 신분, 당파, 시대 환경의 의견에 순응"(KSA 3, 36쪽)한다.

니체의 관점에서 이러한 관습적 도덕에 대한 근원 감정인 외부적 요소에 대한 두려움과 공포에 대한 생존 본능은 바로 주인도덕의 시작점으로 제공될 수 있다. 앞에서 언급한 바와 같이, 주인도덕의 소유자는 좋음과 나쁨의 판단의 기준을 기존의 도덕적 관습이나 문화로부터 전승된 두려움에서 찾지 않는다. 왜냐하면 주인도덕의 소유자에게 좋음과 나쁨은 사회 구성의 공리로서 작용할 수 없는 것이기 때문이다. 니체는 이를 다음과 같이 표현한다. 주인도덕의 "'좋음'이라는 판단은 '좋은 것'을 받았다고 표명하는 사람들의 입장에서 나오는 것이 아니다. 오히려 그것은 '좋은 인간들' 자신에게 있었던 것이다."(KSA 3, 268쪽) 물론 니체에게 진정한 의미의 도덕이 개인의 양심으로부터 시작된다는 점에서 풍습의 윤리가 비판의 대상으로 해석될 가능성도 존재한다. 즉, 이러한 해석은 니체가 풍습에 주목하는 중요한 이유를 도덕의 발생에 대한 통찰이 풍습의 도덕을 비난하는 것에 있다고 본다.

그러나 니체는 풍습을 인간의 정동이 "이익이 되거나 해를 끼친다고 생각하는 것에 대해 예전 사람들의 경험"(KSA 3, 32쪽)이라는 형식으로 규정한다는 점과 이러한 풍습을 공동체 존립에 필수적인 문화 요소로 간주한다. 그뿐만 아니라 풍습의 윤리의 강제성은 니체에게 비판의 대상으로 정의되는 노예도덕과 같이 개인의 내면에 대한 공격성을 갖지 않는다는 점을 고려해 본다면 풍습의 윤리는 니체에게 단지 비판의 대상이 아니다. 물론 그럼에도 불구하고 니체는 풍습의 윤리가 정신화의 과정을 통해 강제성이 내면화된다는 사실을 지적한다. "복종이란 지금까지 인간들 사이에서 가장 잘 그리고 오랫동안 훈련되고 훈육되어 왔다는 사실을 고려하면, 이제 당연히 각 개인은 평균적인 양심으로, '너는 어떤 것을 무조건 해야만 하고, 또 어떤 것을 무조건 해서는 안 된다'고 명령하는 것, 즉 간단히 말하면 '너는 해야만 한다'고 명령하는 그러한 욕구를 타고났다고 전제해도 좋을 것이다."(KSA 5, 119쪽)

니체는 고귀한 인간들의 좋음과 나쁨에 대한 가치판단이 하강(Untergang)한 후 무리 본능을 지닌 인간들의 도덕을 비판한다. 니체에 따르면 고귀한 인간은 자신의 힘을 다음과 같은 두 가지 방법을 통해 실현했다. 첫째, 고귀한 인간은 문화의 형식에 자신의 충동을 새로운 이름으로 부여하며, 자신의 넘치는 힘을 타인에게 강요한다. 둘째, 고귀한 인간은 실천적인 삶(vita activa)을 통해 자신이 갖고 있는 힘의 우월을 표출했는데, 니체는 이러한 힘의 우월이 "사냥, 약탈, 습격, 학대, 살인의 방식으로, 혹은 이 행위들을 공동체에서 용인되는 좀 더 약화된 상태"(KSA 3, 49쪽)로 실현되었다고 지적한다.

이와 반대로 노예도덕의 소유자들은 관조적인 삶(vita contemplative)을 통해 오직 정신적인 가치를 통해 자신의 힘을 실현하고자 했다. 니체는 이와 같은 관조적 생활을 하는 인간의 유형을 다음과 같이 네 가지로 구분한다. 첫째, 관조적인 인간들 중에서 수적으로 우세하고 가장 일반적인 종류는 바로 종교적인 인간들이다. 이들은 언제나 인간들의 지금 여기의 삶을 힘들게 하고 그들이 '지금 여기'의 삶을 경멸하게 만드는 것을 목표했다. 둘째, 종교적인 인간들보다 드물지만, 예술가들 역시 관조적 생활을 하는 인간들이다. 니체는 이들이 인격적으로 대체로 불쾌하고, 변덕스럽고, 시기심이 많고, 폭력적이며 다투기를 좋아하는 사람들이지만, 그것은 오직 정신적인 영역이라는 점을 지적한다. 셋째, 철학자들이다. 이들은 종교적인 힘, 예술적인 힘과 함께 제3의 것인 변증적인 것, 다시 말해 논증적인 것에 대한 욕망을 갖고 있는 인간들이다. 넷째, 사상가들과 과학자들이다. 이들은 학문의 연구를 통해 인간들의 삶을 자신들의 의도와는 다르게 아무런 투쟁도 필요 없는 삶으로 만들었다.

니체는 이러한 관조적인 삶을 통해 드러나는 힘의 표출 방법이 기만적이라고 지적한다. 니체에 따르면 이러한 기만적인 방법의 예는 바로 언어적 표현의 전도를 통해 나타났다. 주인도덕에서 좋음은 "어느 언어에서나 신분을 나타내는 의미에서의 '고귀한', '귀족적인'이 기본 개념이며, 여기에서 필연적인 '정신적으로 고귀한' … '정신적으로 고귀한 기질의', '정신적으로 특권을 지닌'"(KSA 5, 261쪽) '선'이라는 개념으로 변질된다.

니체에 따르면 주인도덕의 좋음은 판단의 주체인 자신의 힘이 표출되는 형태를 의미했다. 그러므로 주인도덕의 나쁨은 단지 좋음의 대립적인 개념인 자신의 힘이 표출되지 못하는 형태로 정의된다. 그러나 노예도덕은 고귀한 자가 자신의 힘을 표출시키는 행위를 '악'

으로 정의하며, 고귀한 자에 대한 원한감정으로 '악'과 대립적인 '선'을 '약함'으로 왜곡시킨다. 다시 말해, 니체의 관점에서 힘의 방향성은 도덕적 가치판단의 근본적인 차이였다. 이것은 "고귀한 모든 도덕이 자기 자신을 의기양양하게 긍정하는 것에서 생겨나는 것이라면 노예도덕은 처음부터 '밖에 있는 것', '다른 것', '자기가 아닌 것'"(KSA 5, 270쪽)에 대한 부정을 통해 생성된 것을 의미한다.

니체는 결국 충동에 대한 외부의 표출이 자신의 삶을 "조형하고 형성하며 치유하고 또한 망각할 수 있는 힘을 넘치게 지닌 강하고 충실한 인간을 나타내는 표시"(KSA 5, 273쪽)라고 주장한다. 즉, 고귀한 인간 역시 원한과 유사한 타인에 대한 적대감을 가질 수 있지만 이와 같은 충동으로 자신을 공격하지 않고 외부로 분출하기 때문에 원한이 내면화되지 않는다. 니체는 바로 이 점이 고귀한 인간들이 외부 충동에 대한 자긍심을 갖고 있으며, 자신의 적에도 경멸이 아니라 경외심과 존경심을 갖는 이유라고 주장한다.

니체는 이러한 두 도덕의 특징을 다음과 같이 설명한다. "고귀한 인간은 자기 자신에 대한 신뢰와 개방성을 가지고 살아가는 데 반해 … 원한을 지닌 인간은 정직하지도 순박하지도 않으며 자기 자신에 대해서 진지하지도 솔직하지도 않다. 그의 영혼은 곁눈질을 한다."(KSA 5, 273쪽)

니체는 "'인간'이라는 맹수를 온순하고 개화된 동물, 즉 가축으로 길들이는 데 모든 문화의 의미가 있다"(KSA 5, 276쪽)는 주장을 도덕의 데카당스와 밀접한 관련성 속에서 해석한다. 다시 말해, 문화에 대한 니체의 이러한 해석은 오늘날 도덕이 인간의 충동을 억압하는 수단으로만 활용되고 있다는 비판이 전제되어 있다. 앞에서 언급한 바와 같이, 니체는 도덕의 데카당스가 무리의 도덕으로부터 시작된 신체와 정신에 대한 가치전도로 인해 야기된 것이라고 지적한다.

니체에 따르면 도덕은 이와 같은 가치의 전도의 과정을 통해 정신화된다. 그러나 니체는 이러한 정신화가 '지금 여기'라는 우리의 삶의 토대가 아니라, 또 다른 세계의 가능성을 전제하고 있다고 지적한다. 왜냐하면 정신화된 도덕을 통해 야기되는 인간의 희생은 '지금 여기'라는 대지의 삶을 통해 보상받을 수 없었기 때문이다. 즉, 노예도덕은 다음과 같은 허구적 이념이 반드시 전제되어야 했다. 니체는 노예도덕에 전제된 허구적 이념에 대해 다음과 같이 지적한다. "이들 약자 - 그들 역시 언젠가는 강자가 되고자 한다. 의심할 여지없이 언젠가는 그들의 '나라' 역시 도래해야 할 것이다. - 앞서 말한 것처럼, 그것은 그들 사이에서 단지 '신의 나라'라고 불린다."(KSA 5, 283쪽)

니체는 이러한 신체와 정신에 대한 가치의 전도가 순간적이고 강한 힘의 충동에 의한 것이 아니었다고 지적한다. 니체는 이와 같은 정신화 과정이 오랜 시간에 걸친 준비 작업이 필요했다고 주장하는데, 이는 정신적인 것의 가치는 사회가 안정화되기 전까지 어떠한 사회의 이익을 증대할 수 없기 때문이다. 이러한 이유에서 정신적 가치를 강조하는 관조적인 삶의 소유자들은 공동체에서 배제되었음에도 불구하고 지속적으로 가치의 전도를 시도했고, 결국 성공하게 된 것이다.

니체는 신체와 육체의 가치 전도가 가능했던 이유를 다음과 같이 제시한다. 첫째, 풍습의 윤리라는 강제를 통해 사회가 안정화되고 체계적으로 구조화될수록 실천적인 삶을 사는 개체의 강력한 힘은 오히려 사회의 안전을 저해하는 요소로 평가된다는 점이다. 이것은 "강한 몸과 생기 넘치고 풍요롭고 스스로 억제할 길 없이 넘쳐나는 건강 그리고 그것을 보전하는 데 필요한 조건들, 즉 전쟁, 모험, 사냥, 춤, 결투, 놀이와 강하고 자유로우며 쾌활한 행동"(KSA 5, 266쪽)에 대한 제약을 거부했고, 결국 고귀한 자들의 이러한 성향은 오히려 자신들과 비슷한 부류들로부터 비롯된 문화적 강제로 인해 사회에서 배제될 가능성을 내포하고 있었다는 것을 의미한다.

둘째, 관조적인 삶을 사는 인간들은 초자연적인 힘을 정신의 힘으로 왜곡했다는 점이다. 즉, "이런 인간들은 미신과 신적인 힘들의 자취를 따르는 사람들이었기에 사람들은 그들이 미지의 힘을 갖고 있다고 믿어 마지않았던 것이다. … (따라서) 그들은 두려움의 대상이 되었던 정도만큼 경멸을 당했다. … 관조적인 것은 약하지만 동시에 두려운 것이었고, 은밀한 경멸을 당하면서도 공적으로는 미신적인 존경을 받았다."(KSA 3, 50쪽) 니체는 이러한 정신화의 과정을 다음과 같이 묘사한다. "이것은 다음과 같은 사건이다. 즉 복수와 증오, 유대적 증오의 - 그와 같은 것이 지상에 존재한 적이 없는, 즉 이상을 창조하고 가치를 재창조하는 가장 깊고, 궁고한 증오의 - 저 나무줄기에서 그와 비교할 수 없는 것, 새로운 사랑이, 가장 깊이 있고 숭고한 종류의 사랑이 자라났던 것이다."(KSA 5, 268쪽)

니체에 따르면 이러한 정신화에 대한 배후에는 바로 인간의 이성적 능력에 대한 믿음이 전제되어 있었다. "사람들 대부분은 원인과 결과의 관계, 죄와 벌의 관계를 뒷받침하는 예들을 점점 덧붙여서 이러한 관계가 근거가 잘 갖춰진 관계임을 확인하고 **그것에 대한 믿음을 강화한다.** … 그러나 이들 모두는 그들의 수행 방식이 전적으로 조야하고 비과학적이라는 점에서 동일하다."(KSA 3, 25쪽)

니체는 신체에 대한 정신의 우월이라는 가치 전도가 야기하는 믿음을 "자신의 적과 압제자에게 결국 오직 그들의 가치를 철저하게 전도시킴으로써, 즉 가장 정신적인 복수 행위"(KSA 5, 267쪽)라고 평가한다. 이와 같은 전도를 통해 인간은 비참함과 무력함, 궁핍과 병과 같은 가치와 상태, 다시 말해 힘의 하강을 오히려 최고의 가치로서 사유한다. 따라서 니체가 도덕에서의 노예 반란이라고 주장하는 것은 바로 이와 같은 가치 전도를 의미한다. 정신은 이와 같은 과정을 통해 신성화된다. 정신의 신성화는 전통 형이상학적 사유를 관통하고 있는 사유로서, 인간을 자아, 혹은 순수 객관이라는 존재로 탈바꿈시킨다. 그리고 인간은 이와 같은 사유를 바탕으로 평생 동안 자신의 자아를 위해 자신의 충동을 억압했다. 그러나 니체의 관점에서 이러한 인식의 주체로서 인간은 피 한 방울도 흐르지 않은 인간을 상정하는 것과 마찬가지로 어디에서도 존재할 수 없는 사변(spekulativ)의 결과물이었다. 이것은 인간이 자신을 자신의 이성을 통해, 예를 들면 자신을 문법상 주어 개념으로 주체로서 파악하고, 자신을 제외한 외부 세계를 대상으로 인식한 결과이다. 니체는 이러한 인간이해가 인간을 "비인격적인 의견과 자의적인, 말하자면 허구적인 가치 평가들의 안개"(KSA 3, 104쪽) 속에 가두어 버렸다고 주장한다.

그러므로 니체는 이성이라는 이름의 전승된 도덕의 주체를 거부하고, 도덕의 새로운 주체인 몸의 의미를 강조한다. 니체에 따르면 인간은 본래 "대립할 뿐만 아니라 서로 싸워서 좀처럼 안식할 줄 모르는 충동과 가치 척도를 몸에 지니고 있다."(KSA 5, 200쪽)

그러나 전통 형이상학에서 몸에서 시작되는 모든 충동은 극복의 대상에 불과한 것이었다. 이것은 전통 형이상학이 "동물에서 인간이 유래했다는 설을 저항하면서 자연과 인간 사이에 커다란 거리를 두려는 긍지"(KSA 3, 41쪽)를 가지려고 했기 때문이다. 이런 전통 형이상학적 사유에서 모든 정신적 활동은 궁극적으로 몸을 통해 가시화되었음에도 불구하고, 몸은 순수한 정신을 불결하게 만드는 것의 일종으로 정의된다. 그러므로 니체는 이성을 도덕의 주체로 사유하는 속에서 도덕에서의 노예의 반란은 종결될 수 없다고 강조한다.

또한 니체는 인간의 실존적인 삶이 이와 같은 끝나지 않는 도덕적 투쟁의 과정이라는 점을 지적한다. 즉, "'좋음'과 나쁨, '선과 악'이라는 두 개의 대립되는 가치는 이 지상에 수천 년간 지속되는 무서운 싸움을 해왔기 때문이다. 그리고 또한 두 번째 가치가 확실히 오랫동안 우세하게 지배했다고 해도, 지금까지도 승패를 결정하지 못한 채 싸움"(KSA 5, 285쪽)은 지속되고 있었다.

그 뿐만 아니라 니체는 양심과 양심의 가책이라는 상반되는 개념을 힘의 방향성을 통해 해석한다. 즉, 니체에게 양심과 양심의 가책은 각각 행위의 야수성(Bestie der Tat)과 관념의 야수성(Besie der Idee)을 통해 표현된다. 니체에 따르면 양심은 주권적 개인의 지배 본능이다. 이것은 양심의 주인, 다시 말해 "어느 시대나 공격적인 인간은 좀 더 강하고, 좀 더 용기 있고, 좀 더 고귀한 인간으로 또한 좀 더 자유로운 눈과 좀 더 훌륭한 양심을 자신의 편"(KSA 5, 311쪽)으로 만들었기 때문이다.

그러나 니체는 이러한 양심의 주인공이 오랫동안 나타나지 않았다는 사실을 지적한다. "'양심'이라는 개념의 배후에는 이미 오랜 역사와 형태의 변천이 있다는 것을 미리 짐작할 수 있다. 자기 자신을, 더욱이 긍지를 가지고 보증할 수 있는 것, 또한 자기 자신을 긍정할 수 있다는 것 - 이것은 이미 말했듯, 하나의 잘 익은 열매이며, 또한 만숙한 열매이기도 하다. - 이 열매가 얼마나 오래 떫고 신 상태로 나무에 매달려 있어야만 했던가! 그리고 훨씬 오랫동안 그러한 열매는 전혀 볼 수가 없었다."(KSA 5, 395쪽) 니체는 이것을 사회가 인간에게 양심이 아니라, 양심의 가책을 강요했기 때문이라고 판단한다. 앞에서 언급한 바와 같이, 양심의 가책은 양심과 달리 자신의 충동을 외부로 발산하지 않고 자신의 내부로 잔인함을 표출한다. 그러나 니체는 사회가 문명화될수록 인간의 자연성, 다시 말해 타인에게 자신의 힘의 우월을 드러내고자 했던 충동들은 사회화라는 이름으로 자신을 괴롭히기 시작했다고 지적한다. 따라서 니체는 만약 인간에게 사회적 강제가 없었다면, 다시 말해, 도덕에서의 노예의 반란만 존재했다면, 양심의 가책은 탄생하지 않았을 것이라고 주장한다. 니체는 이를 다음과 같이 표현한다. 만약 양심의 가책은 "그들의 망치로 두드리는 작업과 예술가적 폭력의 압력 아래 어마어마한 양의 자유가 세상에서, 최소한 가시적인 세계에서 구축되지 않았다면, 다시 말해 잠재적인 것으로 되어 버리지 않았다면, 생지지 않았을 것이다."(KSA 5, 324쪽)

니체가 인간이 데카당스적인 문화의 강제로부터 벗어날 수 있다고 강조하는 이유도 바로 여기에 있다. 니체에게 인간은 언제나 도덕적 억압에서 벗어나 자신의 충동을 폭발시킬 수 있는 존재였다.

즉, 니체의 관점에서 인간은 도덕적 강제를 파괴하고 또다시 창조하는 시시포스적인 놀이를 숙명처럼 어깨에 짊어진 자들이다.

니체의 이러한 주장은 충동 자체가 어떠한 도덕적 성질이나 쾌, 불쾌라는 특정한 성질 자체를 갖고 있지 않다는 것을 전제한다. 다시 말해, 충동에 대한 도덕적 판단은 "제2의 본성(zweite Natur)으로서, 이 충동에 더해지는 것은, 이 모든 것이 이미 선과 악으로 명명된 충동들과 관계될 때나 민중에 의해 이미 도덕적으로 확정되고 평가되는 존재들의 성질"(KSA 3, 45쪽)을 의미한다.

니체는 이러한 인간의 해석이 단지 도덕적 충동에 국한된 것이 아니라 모든 가치에 대한 척도에 적용된다고 주장한다. 니체에 따르면 그리스인들은 '희망'과 '시기'를 지금과는 전혀 다르게 해석했다. 일반적으로 우리는 '희망'을 '지금 여기'의 삶에 긍정적인 요소로 평가하며, 타인에 대한 질투를 의미하는 '시기'를 부정적으로 평가한다. 그러나 그리스인들은 '시기'의 기원이 은혜를 베푸는 에리스(Eris)로 보았으며, 경쟁을 야기하는 긍정적인 충동으로 평가했다. 그러므로 그리스인들은 신들이 다른 신들을 '시기'한다는 것에 전혀 거부감을 갖지 않았다. 이와는 달리 그리스인들은 '희망'을 삶에 대한 맹목적이고 악의적인 해석으로 평가했다. 결국 니체는 문화에 따라 "동일한 충동이라고 할지라도 풍습이 이 충동을 비난할 경우에는 비겁이라는 고통스러운 감정이 되고, 기독교와 같은 풍습이 이 충동을 크게 중시하면서 좋은 충동으로 간주할 경우에는 겸손이라는 유쾌한 감정"(KSA 3, 45쪽)으로 서로 다르게 해석되었다는 점을 강조한다. 이것은 인간이 문화적 존재로서 태어나는 순간부터 수많은 문화적 발명품 속에 예속되어 있지만 그것으로부터 벗어나,

주체적인 사유를 위해 끊임없이 노력해야 한다는 것을 의미한다. 왜냐하면 인간이 문화 속에 예속되어 있다는 사실이 인간의 행위를 윤리적 혹은 비윤리적이라고 평가할 수 있는 어떤 절대적인 도덕적 가치 판단 속에 놓여 있다는 것을 의미하지 않기 때문이다. 그러므로 니체는 도덕 그 자체를 거부하는 것이 아니라, 특정한 관습적 도덕에 얽매여서 전승된 것으로부터 벗어나려고 하지 않는 관조적인 인간의 삶을 비판하는 것이다.

## 3. 규범으로서 도덕

앞에서 언급한 바와 같이, 니체의 관점에서 약속할 수 있는 동물을 기르는 것은 자연이 인간에게 부여한 역설적 과제이자, 문화와 관련된 근원적인 문제였다. 이것은 인간의 망각(Vergesslichkeit)이라는 밀접한 관련성을 갖고 있는 문제였다. 망각은 니체에게 삶의 건강을 위한 필수적인 요소이자, 힘의 감정이 적극적으로 드러나는 사건으로 정의된다. 니체는 만약 인간에게 망각이라는 존재론적 사건이 일어나지 않는다면 인간은 어떠한 행복, 명랑함, 희망과 같은 감정뿐만 아니라 현재도 느낄 수 없었을 것이다. 그러나 니체는 인간이 사회를 구성하기 위해서는 자신에게 존재론적 사건을 일으키는 망각과는 정반대의 능력, 기억을 필요로 했다고 주장한다. 즉, 인간은 사회 속에서 철저히 예측 가능한 존재로 규정되어야 했다. 따라서 인간은 망각으로부터 벗어나기 위해 의지의 기억(Gedächtnis des Willens)을 필요로 했다. 니체의 관점에서 이러한 기억은 바로 타인에 대한 강제로부터 시작되는 것이었다. 니체에 따르면 인간은 타인의 자인함이 자신의 신체에 강제됨을 통해 비로소 기억할 수 있었다. 여기에서 니체는 인간을 예측 가능한 존재로 만들어 주는 '약속'의 기원이 결코 인간의 이성에서 비롯된 것이 아니라고 지적한다. 신체를 통한 고통과 이를 통한 강제, 이것이 바로 인간이 이성적 능력을 사용하기 위한 필수불가결한 요소인 것이다.

"어떻게 인간이라는 동물에 기억을 만들 수 있을까? 어떻게 부분적으로는 우둔하기도 하고, 부분적으로는 멍청하기도 한 이 순간적인 오성, 이 망각의 화신에게 언제나 기억에 남는 인상을 각인할 수 있겠는가? … 누구나 생각해 볼 수 있듯이, 이러한 태곳적부터 내려오는 문제는 부드러운 대답과 수단으로는 해결되지 않았다. 아마 심지어는 인간의 역사 이전 시기 전체에서 인간의 기억술만큼 더 무섭고 섬뜩한 것은 없을 것이다. 기억 속에 남기기 위해서는, 무엇을 달구어 찍어야 한다.: 끊임없이 고통을 주는 것만이 기억에 남는다."(KSA 5, 294쪽)

니체는 사회의 발전이란 인간이 다른 인간을 고통스럽게 만드는 것, 다시 말해 채권자가 채무자에게 약속에 대한 승자의 권리를 행사하는 과정이라고 지적한다. 이러한 이유로 니체에게 사회의 발전은 목적론적인 관점의 진보를 의미하는 것이 아니라, 타인에게 고통을 주는 양의 증가, 혹은 "그것을 위해 희생되어야만 했던 모든 것의 양"(KSA 5, 315쪽)의 증가를 의미한다. 즉, 니체의 관점에서 인간이 약속할 수 있는 '사회적 존재'로 길러지기 위해 신체적 고통의 경험은 문화적으로 전승된 결과이다. 인간의 이러한 고통의 경험을 통해 비로소 기억으로 도달할 수 있다.

따라서 니체는 "이와 같은 기억 덕분에 사람들은 마침내 '이성'에 이르렀다"(KSA 5, 297쪽)고 주장한다. 그러나 주의해야 할 점은 인간에게 이러한 고통을 가하는 대상 역시 또 다른 인간이라는 점이다. 니체에 따르면 인간에게 의지의 기억을 야기하는 고통의 경험은 채권자와 채무자 사이의 채무 관계에서 비롯된 것이다. 채권자는 채무자에게 고통을 가함으로써 주인의 권리를 행사하며, 채무자는 고통에 대한 기억을 통해 망각을 제거할 수 있다.[48]

니체는 사회적 형식을 창조할 수 있는 인간을 주권적 개인(das souveraine Individuum)이라고 규정한다. 니체에 따르면 이러한 주권적 개인은 문화의 강제적 요소와 같은 풍습의 윤리로부터 벗어나 있으며, 자율적이며 도덕적인 것을 초월한 개체를 의미한다. 즉, 주권적 개인은 약속할 수 있는 자기 자신의 독립적인 의지를 지닌 인간이기 때문에 새로운 질서를 창조할 수 있다.

니체에 따르면 주권적 개인은 "거대한 과정의 종점, 즉 나무가 마침내 그 열매를 무르익게 하고, 사회성과 풍습의 윤리가 무엇에 이르는 수단에 불과했다는 것이 마침내 드러나는 지점"(KSA 5, 293쪽)이다. 이것은 주권적 개인이 외부적인 요인에 의해서가 아니라, 주체적인 방식, 다시 말해 자신만의 독립적인 의지를 통해 스스로 약속할 수 있는 인간이기 때문이다. 이러한 이유로 주권적 개인은

---

48) 백승영은 이러한 도덕적 강제가 법적 개념으로 변모하는 과정을 다음과 같이 제시한다. "죄와 처벌은 이렇듯 원래는 '부채'라는 경제적 개념에서 출발하며, 힘과 힘을 비교하고 측정하고 계산하고 교환한다는 의미로서의 힘경제적 계보를 갖고 있다. 그것이 공적 영역으로 확대되어 형식적 변이를 일으키면 (도덕적 개념과) 법적 개념이 된다. 그렇다면 공형벌의 시작은 힘경제적 개념인 부채의식이다." 이와 관련한 백승영의 주장은 백승영, 『니체, 철학적 정치를 말하다. 국가, 법, 정의란 무엇인가』, 책세상, 2018, 308쪽 이하 참고.

자신들과 반대되는 성향을 가진 자들을 경멸한다. 니체는 이러한 주권적 개인의 성향을 다음과 같이 묘사한다. "필연적으로 그는 약속할 수 없으면서 약속하는 허약한 체질의 경솔한 인간에게는 발길질을 해댈 것이며, 입에 약속을 담고 있는 그 순간 이미 약속을 깨버리는 거짓말쟁이에게는 응징의 채찍"(KSA 5, 294쪽)을 가한다. 니체는 이들이 고통의 가해자이지만, 진정한 양심(Gewissen)의 소유자라고 강조한다. 니체에 따르면 "책임이라는 이상한 특권에 대해 자랑스러운 인식, 이 희한한 자유에 대한 의식, 자기 자신과 운명을 지배하는 이 힘에 대한 인식은 그의 지배적인 본능이 되었다. 이 지배적인 본능을 무엇이라고 부르게 될 것인가? 그러나 의심할 여지 없이 이 주권적 개인은 그것이 양심"(KSA 5, 260쪽)이다.

여기에서 니체는 사회적 형식을 창조하는 주권적 개인과 모든 문화적 강제로부터 벗어나 자유를 만끽하는 금발의 야수(blonde Bestie)를 구분한다. 이것은 니체에게 금발의 야수가 문화의 강제 속에서 자신의 충동을 오랜 시간 억누르던 존재로 전쟁과 같은 문화적 충동을 계기로 자신들의 문화의 외부, 마치 자신들에게 황야와 같은 곳에서 긴장을 일시적으로 해소하는 존재를 의미하기 때문이다. 니체는 이러한 금발의 야수를 다음과 같이 규정한다. "사회의 평화 속에서 오랫동안 감금되고 폐쇄되었기 때문에 나타나는 긴장을 황야에서 보상한다. 그들은 아마도 소름 끼치는 일련의 살인, 방화, 능욕, 고문에서 의기양양하게 정신적 안정을 지닌 채 돌아오는 즐거움에 찬 괴물"(KSA 5, 309쪽)이다. 그러므로 니체는 분명 명시적으로 주권적 개인과 금발의 야수에 대한 관계를 논의하지 않지만, 주권적 개인은 단지 자신의 충동을 외부로 단순히 표출하는 수

준이 아니라, 문화의 현상에 자신의 힘에의 의지를 각인시킨다는 점에서, 금발의 야수보다 도덕적으로 우월한 존재이다.

니체는 형벌과 국가가 역시 이와 같은 도덕적 강제를 통해 형성된 것이라고 지적한다. 특히 니체에게 형벌은 문화에 따라 다양한 목적과 의도를 갖고 형성된 것으로 "전혀 정의할 수 없는 일종의 통일체"(KSA 5, 317쪽)이다. 니체는 이러한 이유로 과거부터 인간에게 어떤 목적으로 형벌이 가해진 것인지에 대해 정확한 원인을 찾는 것은 불가능하다고 주장한다. 즉, 니체의 관점에서 과거부터 인간은 단지 죄를 지었기 때문에 형벌을 받는 것이 아니라, 자신이 알지 못하는 다양한 이유들로 형벌에 처해진 것이다.

그뿐만 아니라 니체는 형벌이 죄를 지은 사람들에게 양심의 가책(schlechte Gewissen)을 불러일으키는 것이 아니라, 오히려 사람들의 죄에 대해 무감각하게 단련하며 냉혹한 감정을 갖게 만든다고 주장한다. 이것은 형벌 역시 힘에의 의지를 통해 형성되는 것이기 때문에 여러 문화마다 서로 다르며, 심지어 동일하다고 해도, 시기에 따라 전혀 다르게 해석되었기 때문이다. 다시 말해, "범죄자는 정확히 같은 종류의 행동이 정의를 위해 행해지고, 그러고 나서 선이라고 불리고 선한 양심으로 행해지는 것"(KSA 5, 319쪽)을 도처에서 목격한다. 결국 니체는 형벌을 통해 기대할 수 있는 것은 일종의 문화적 강제, 다시 말해 인간을 가축으로 길들이는 것밖에 할 수 없다고 지적한다. 물론 니체의 이러한 주장은 니체가 문화적 강제 일체를 부정한다는 것을 의미하지 않는다. 왜냐하면 니체 역시 형벌의 효용을 부정하지 않으며, 형벌이 힘에의 감정이 문화적 강제라는 형식을 통해 표현된 것이기 때문이다.

그러나 니체는 모든 사회적 제도 이면에 잔인함이 깃들어 있다는 사실을 지적한다. 니체에 따르면 인간은 사회적 제도가 형성되기 전에는 자신보다 낮은 힘을 가진 자를 학대함을 통해 자신의 우월 감을 드러냈다. 하지만 사회가 발전함에 따라 이러한 힘의 우월감 은 다른 방식으로 표현되어야 했다. 니체는 이것이 타인이 사회제 도를 통해 받는 형벌, 다시 말해 타인의 고통은 일종의 축제로서 향하는 것으로 드러난다. "고통을 보는 것은 쾌감을 준다. 고통스럽 게 만드는 것은 더욱 쾌감을 준다. - 이것은 하나의 냉혹한 명제이 다. 하지만 그 밖에도 아마 이미 원숭이도 시인하게 될 오래되고 강력한 인간적인 너무나 인간적인 근본 명제이다."(KSA 5, 301쪽)

니체는 인간의 고통이 제도적으로 세밀하게 가해진다는 것의 의 미가 사회 발전의 척도라고 주장한다. 니체에 따르면 인간에게 고 통을 가하는 힘에의 감정들은 경제적 개념으로 수치화되었고, 이러 한 힘의 감정들은 여러 문화 속에서 다양한 관습법의 형태로 드러 났다 "그 저당물은 자신의 몸이나 자신의 아내가 되기도 하고, 또 는 자신의 자유나 자신의 생명이 되기도 한다. … 특히 채권자는 채 무자에게 갖은 수모를 안기고 고문을 가할 수 있었다. 예를 들면, 부채 액수에 적합해 보이는 크기만큼 그의 육체에서 살로 도려낼 수 있었던 것이다.: 오래전부터 곳곳에서는 이러한 관점에서 사지 하나하나와 신체의 각 부분을 정확하게, 부분적으로는 무서울 정도 로 세세하게, 합법적인 가격을 산정해 왔다."(KSA 5, 299쪽)

그러므로 니체에게 형벌이라는 사회적 제도 역시 인간이 자신의 힘에의 의지를 새기기 위한 투쟁의 장으로 인식된다. "역사적으로 고찰해 볼 때, 지상에서의 법은 … 바로 반동적 감정에 대항하는 투쟁이요, 능동적이고 공격적인 힘이 그 힘의 일부를 사용하여 반동적 파토스가 벗어나는 것을 막아주고 절도 있게 하며, 강제로 타협"(KSA 5, 312쪽)하는 투쟁의 장이다. 니체는 이러한 맥락에서 법과 같은 사회적 규범은 언제나 새롭게 구성될 수 있다고 주장한다. "현존해 있는 것, 어떤 방식으로든 이루어진 어떤 것은 그보다 우세한 힘에의 의지에 의해 새로운 견해로 언제나 다시 해석되며 새롭게 독점되어 새로운 효용성으로 바뀌고 전환된다. 유기체적 세계에서 일어난 모든 생기는 하나의 제압이자 지배이며, 그리고 다시금 모든 제압과 지배는 지금까지의 '의미'와 '목적'이 필연적으로 불명료해지거나 완전히 지워져야만 하는 새로운 해석"(KSA 5, 313쪽)이기 때문이다.

따라서 니체는 법률이 만들어지고 나서야 비로소 옳음과 옳지 않음이라는 해석이 가능하다고 지적한다. 즉, 니체에게 법률은 힘에의 의지가 복합적인 투쟁을 통해 형성된 것이며, 이에 대한 해석 역시 끊임없는 힘에의 투쟁을 통해 이뤄지는 형태이다. 그러므로 니체는 법률 상태를 "힘을 목적으로 하는 본래의 삶의 의지를 부분적으로 제한하는 것으로 그리고 그 전체 목적에 예속된 개별적인 수단으로, 즉 더 거대한 힘의 단위를 창조하는 수단으로서, 언제나 예외적인 상태"(KSA 5, 313쪽)라고 정의한다. 결국 니체의 이러한 주장은 인간의 실존적 삶이 궁극적으로는 법률을 통해 보호받을 수 있는 대상이 아니라는 것을 의미한다. 이것은 니체가 "삶이란 본질적으로, 근본 기능에서 다치기 쉽고 폭력적이며 착취적이고 파괴적으로 작용하며 이러한 성격 없이는 전혀 생각할 수 없는 것"(KSA 5, 313쪽)으로 정의하는 것을 통해 구체적으로 표현된다.

니체는 이러한 맥락에서 국가가 개인과 개인 간의 계약으로 구성된다는 사회계약론에 대해 부정적 견해를 피력한다. 니체에게 국가의 형성은 고귀한 자들의 힘에의 우위를 바탕으로 지배와 피지배 관계에서 시작된 것이기 때문이다. 니체는 이러한 지배 계층의 특징을 다음과 같이 서술한다. "명령할 수 있는 자, 천성적으로 '지배자'인 자, 일에서나 몸짓에서 폭력적으로 나타나는 자 … 그들이 하는 일은 본질적으로 형식을 창조하는 일이며, 형식을 새겨 넣는 일이다. 그들이 존재하는 예술가 중 가장 본의 아니게 무의식적인 예술가"(KSA 5, 325쪽)이다. 니체에 따르면 이들은 천부적인 예술가들이기 때문에 죄가 무엇인지, 책임이 무엇인지 알지 못한다. 다시 말해 "그들 안에서 저 무서운 예술가적 이기주의가 지배하고 있는데, 그것은 청동처럼 빛나고 마치 어머니가 아이들에게서 정당화되듯이, 스스로 '작품' 속에서 영원히 정당화된다는 것을 미리 알고 있다."(KSA 5, 325쪽) 물론 니체 역시 국가의 형성 과정에 대해 자세한 서술을 전개하지 않는다. 다만, 다음과 같은 비유적인 표현을 통해 국가의 기원과 인간이 사회제도에 예속되어 가는 과정에 대해 언급한다. "가장 오래된 '국가'는 무시무시한 폭정으로 인정사정없이 으깨버리는 기계장치로 나타나 작업을 계속 진행한 결과 민중과 반(半)동물이라는 저 원료는 마침내 반죽되어 부드러워졌을 뿐만 아니라, 형태를 이루게 되었다."(KSA 5, 324쪽)

그럼에도 불구하고 니체는 국가가 단지 인간에게 귀속되는 삶의 형태가 아니라, 고귀한 인간을 잉태하기 위한 수단으로 작용해야 한다고 강조한다. "가장 높은 개인은 창조적인 인간이다. … (이런 창조적인 인간은)가장 순수한 유형이자 인류의 개선자다. 어떤 대가를 치르더라도 국가를 보전하는 것이 아니라, 최고의 유형이 국가 안에서 살 수 있고 창조할 수 있게 하는 것, 이것이 공동체의 목표다. … 국가의 목적은 국가 외부에 존재한다. 국가는 수단이다."(KGW Ⅲ4, 30[8], 333쪽) 이것은 국가의 문화적 힘이 강해질수록, 다시 말해, 채권자의 힘이 채무자의 힘의 부유함을 압도할 경우 채권자가 채무자의 고통이 무한하게 증대되는 것을 소망하지 않음을 통해 드러난다. 즉, 고귀한 인간만이 가질 수 있는 자비의 감정, 일종의 고귀한 사치가 국가에서도 나타난다. 그러나 니체는 이러한 국가가 지나친 강제를 통해 언제든지 개체의 삶을 왜소화시키는 삶의 데카당스로 작용할 수 있다는 사실을 인정한다. 니체에 따르면 국가를 중시하는 경향이 강화될수록 개별화는 억제되는데, 니체는 이것이 호모 코뮤니스(homo communis)의 과정이라고 지적한다.

4부

# 문화철학자로서,
# 가치

# 1장

# 가치와 문화의 데카당스

## 1. 그리스도교와 데카당스

니체는 인간이 다양한 문화의 데카당스 속에서 삶의 방향성을 상실한 채 표류하고 있다고 주장한다. "우리는 우리의 용기를 가지고서 어디로 가야 할지 오랫동안 알지 못했었다. ⋯ 우리의 숙명 - 그것은 힘의 충만함과 긴장의 축적이었다. 우리는 번개와 행동을 갈망했었고, 약골들의 행복에서 '복종'에서 가장 멀리 떨어져 있었다. (그러나) ⋯우리에게 길이 없었기 때문에 우리의 대기에 뇌우가 일었고, 우리 자신인 자연이 어두워져 버렸다."(KSA 6, 169쪽)

니체의 관점에서 인간은 문화의 데카당스로 인해 더 이상 자신과 자신을 둘러싼 존재들에 대한 물음을 제기하지 않았다. 그리고 이러한 물음의 부재는 인간을 대중이라는 이름의 평균적인 삶으로 빠르게 하강시켰다. 니체는 결국 대중이라는 평균적인 삶의 양식에 모든 가치에 대한 무비판적인 수용이 내재해 있다고 지적한다. 이것은 대중이 자신에게까지 전승된 인간의 고유한 이성적 능력을 맹신하며, 이러한 능력을 통해 모든 가치를 개념적이고 보편적으로 이해했기 때문이다. 니체의 관점에서 이와 같은 대중들의 이해는 힘의 고양이 아니라, 오히려 힘의 상실을 야기하는 것이다.

니체는 수천 년 동안 전승된 문화에 바로 이러한 힘의 상실을 야기하는 요소가 은폐되어 있다고 지적한다. 니체의 이러한 주장은 그리스도교를 문화의 데카당스와 밀접한 관계성 속에서 해석하는 것을 의미한다. 왜냐하면 그리스도교는 수천 년 동안 문화의 지배 이데올로기로 작용했기 때문이다. 니체는 그리스도교를 초월적인 삶의 우위라고 주장하며, '지금 여기'로부터 시작되는 삶의 방식, 즉 대지의 진정한 의미와 가치를 전도되게 해석하는 종교로 규정한다. 그리고 니체는 그리스도교의 이러한 가치전도가 바로 몸으로부터 시작되는 모든 충동을 억압하는 것을 통해 나타났다고 주장한다. 니체에 따르면 그리스도교의 이러한 몸에 대한 억압의 기원은 강한 자들에 대한 원한감정이다. 니체는 그리스도교가 철저히 약자들의 종교였다고 지적한다. "좀 더 강한 유형의 인간에게 대항하는 사투를 벌이며, 그 유형의 근본 본능을 모두 추방했고, 이 본능들에서 악과 악인을 만들어냈다. … 그리스도교는 약자, 천한 자, 실패자를 모두 옹호했으며, 강한 삶의 보존 본능에 대한 반박을 이상으로 만들어냈다."(KSA 6, 171쪽)

니체는 그렇기 때문에 이들이 건강한 삶의 소유자들, 다시 말해, 건강한 몸을 경멸했고, 몸에 대한 반대급부로 영혼을 가치 있는 것으로 평가했다고 주장한다. "그들에게는 '몸'을 허용하고, 자기네는 '영혼'만을 원한다. … 정신, 긍지, 용기, 자유, 정신의 자유사상에 대한 증오가 그리스도교적이다.: 감각에 대한 증오, 감각의 기쁨에 대한 증오, 기쁨 일반에 대한 증오가 그리스도교적"(KSA 6, 189쪽)이다.

니체에 따르면 그리스도교는 모든 존재자의 존재원리인 힘에의 의지의 차이를 부정한다. 이것은 그리스도교가 신을 제외한 모든 존재자는 무한한 시간이라는 지평 아래에서 모두 평등한 것으로 규정하기 때문이다. 즉, 그리스도교는 거리의 파토스를 부정하고, 동일성의 파토스라는 힘의 평등을 지향한다. 니체가 그리스도교 핵심 사상인 동정을 비판하는 것 역시 바로 그리스도교의 사유에 전제되어 있는 동일성에 대한 갈망 때문이다. 니체는 동정에 대해 "전염적인 본능은 삶을 보존하고 삶의 가치를 드높이려고 애쓰는 본능들과 충돌한다.: 그것은 비참함을 곱절로 만드는 것이며 비참한 모든 것을 보존하는 것으로서 데카당스의 증대를 위한 도구"(KSA 6, 191쪽)라고 평가한다.

니체에 따르면 동정은 그리스도교 문화의 영향력 속에서 비로소 덕으로 규정된 것이었다. "사람들은 동정을 감히 덕이라고 불렀다. … 거기서 더 나아가서 그들은 동정을 덕 그 자체로, 모든 덕의 토대이자, 근원으로 만들었다."(KSA 6, 191쪽)

그러므로 니체는 그리스도교에서 존재자의 약한 힘이 오히려 다른 존재자에 대한 배려로 해석되며, 존재자의 강함은 다른 존재자를 괴롭히는 부정적인 것으로 해석된다고 주장한다. "가련한 자만이 선한 자이고, 가난한 자, 무력한 자, 비천한 자만이 선한 자이며, 또한 고통받는 자, 궁핍한 자, 병든 자, 추한 자만이 경건한 자이자 신에 귀의한 자이며, 오직 그들에게만 축복이 있다."(KSA 5, 267쪽)

그리스도교의 깃발 아래 인간은 모든 존재자의 힘에의 의지를 증대시키는 수많은 격정들(tonisch Affekten)을 부정하고, 오직 힘의 상실만을 추구했다. 니체의 관점에서 그리스도교의 이러한 사유는 단지 가치를 일시적으로 전도시키는 해석이 아니라, 가치체계 자체를 왜곡시키는 것이다. 그리고 니체가 보았을 때 그리스도교의 이러한 가치체계의 전도는 필연적으로 '지금 여기'가 아니라, 또 다른 배후 세계를 전제하고 있다. "삶은 상승 운동, 제대로 잘됨, 힘, 아름다움, 지상에서 자기 긍정을 나타내는 모든 것을 부정하기 위해서는, 거기서 천재적이 된 원한 본능이 또 다른 세계를 고안해 내지 않으면 안 된다. 삶의 긍정을 악으로, 이 세계는 배척받아야 할 것 그 자체로 보이게 하는 세계"(KSA 6, 191쪽)이다.

니체는 이와 같은 맥락에서 그리스도교 문화를 "지금까지 고결한 인간성에 대한 가장 크고도 가장 악의적인 암살 행위"(KSA 6, 218쪽)로 규정한다. 이것은 그리스도교 문화가 "문화의 모든 상승과 성장의 전제 조건에 대한 사악한 본능"(KSA 6, 217쪽)처럼 모든 문화 속에 은닉해 있었기 때문이다. 결국 니체가 이러한 그리스도교의 문화를 문화의 데카당스로 규정하며, 극복의 대상으로 삼는 것은 필연적인 구도였다. 즉, 니체의 관점에서 그리스도교의 핵심적인 이념인 영혼의 불멸성과 동일성의 파토스는 '지금 여기'라는 대지에 펼쳐지는 인간의 삶이 갖는 의미를 훼손시키는 것이었다.

그러나 니체는 이러한 문화의 데카당스가 그리스도교로부터 시작된 것이라고 주장하지 않는다. 즉, 니체에게 문화의 데카당스는 인간의 본성과 밀접한 관련성을 갖는다. 니체는 이러한 인간의 데카당스적 본성을 유대본능 혹은 사제본능이라는 단어를 통해 표현한다. 즉, 니체의 관점에서 그리스도교는 이와 같은 반동적 본능이 형상화이다. 그러므로 니체는 그리스도교가 이러한 반동적 본능의 수미일관함 그 자체이며, 인간에게 공포감을 조성하는 반동적 본능의 논리에서 크게 벗어나지 않는다고 지적한다.

니체는 인간의 반동적 본능이 모든 자연과 자연성 그리고 모든 현실성과 세계에 대한 극단적인 전도의 토대라고 주장한다. 특히 니체가 비판하는 것은 인간의 삶 속에서 시간성(Zeitlichkeit)의 의미를 왜곡했다는 점이다. 그리고 니체는 이러한 왜곡이 모든 유한성에 대한 거부와 인간의 실존적 삶의 방식을 폄하하는 것이라고 주장한다. "본능에 있는 유익한 모든 것, 삶을 증진시키는 모든 것, 미래를 보장해 주는 모든 것이 이제는 불신을 조장한다. 사는 것은 더 이상 의미가 없다는 식으로 그렇게 사는 것, 이것이 이제 삶의 '의미'"(KSA 6, 217쪽)이다. 즉, 니체는 인간의 반동적 본능이 투영된 그리스도교가 인간의 유한성을 극복하기 위해 제시한 방법, 다시 말해 인간의 삶이 무한한 시간의 굴레 속에 놓여 있다는 주장은 삶의 의욕을 상실시킨다고 지적한다. 니체는 이러한 삶의 의욕의 상실이 "그리스도교에서는 '무'라고 하지 않고, '피안'이라고 하거나, '신', '참된 삶', 또는 열반, 구원, 지복이라고 부른다"(KSA 6, 173쪽)고 주장한다. 결국 니체의 관점에서 전승된 문화 속 인간은 이와 같은 그리스도교의 사유, 다시 말해 피안에서의 영원한 삶을 위해 '지금 여기'의 삶을 희생시켰고, 문화를 데카당스라는 파국으로 하강시켰다.

## 2. 신학자–본능과 데카당스

앞에서 언급한 바와 같이, 니체는 수천 년 동안 전승된 서구의 역사에서 그리스도교 문화가 데카당스의 원인을 제공했다고 지적한다. 그리스도교는 모든 가치판단의 척도를 전도시킴으로써 인간을 진정한 가치의 부재 상황 속으로 내몰았다. 니체의 관점에서 그리스도교 문화의 모든 가치는 힘의 고양이 아니라 힘의 상실을 추구했다. 따라서 니체는 이와 같은 그리스도교의 가치가 진정한 의미의 가치를 왜곡했다고 비판한다. 결국 니체가 자신의 철학을 '모든 가치의 가치전도'라고 규정하는 것 역시 이와 같은 그리스도교적 가치의 전도를 의미한다. 니체에 따르면 그리스도교는 표면적으로 힘에의 의지의 고양을 부정하고, 동일성의 파토스라는 원리를 통해 힘의 평등을 추구했다. 니체는 여기에서 그리스도교 발생 이전에 존재하는 인간의 반동적인 본능들에 주목한다. 그리고 니체에게 이러한 데카당스적 본능은 단지 그리스도교와의 연관성 속에서 논의되는 것이 아니라, 인간의 문화 전반으로 그 의미가 확장된 것이다. 니체는 이러한 인간의 반동적 본능 중 하나를 신학자-본능(Theologen-instinkte)으로 명명한다. 니체에 따르면 이러한 신학자-본능은 그리스도교뿐만 아니라 플라톤 철학에도 전제되어 있었다.[49]

---

49) 니체는 플라톤철학을 다음과 같은 맥락에서 비판한다. 즉, 전통 형이상학의 왜곡된 가치관 속에 하나의 사상적 토대, 이것이 바로 데카당스의 근원이다. 니체에 따르면 이러한 사상적 토대는 서구 유럽의 역사를 관통하는 하나의 흐름으로 나타난다. 니체는 이런 사상적 토대의 시작을 다음과 같이 서술하고 있다. "소크라테스라는 인물을 통해 처음 알려지게 된 의미심장한 망상(Wahnvorstellung) 하나가 있다. 그것은 사유가 인과성의 실마리를 따라 존재의 가장 깊은 심연에까지 이를 수 있으며, 사유가 존재를 인식할 수 있을 뿐만 아니라 심지어 수정할 능력이 있다는 흔들림 없이 확고한 믿음이다." 니체는 이러한 왜곡된 사유의 방식을 플라톤주의라고 정의하며 이를 이론적 인간의 삶이라고 규정한다. 니체의 관점에서 당대 유럽 사회는 이런 이론적 인간이 일상인의 삶의 유형으로 고착화된 채 데카당스로 향하고 있었다. 결국 니체의 관점에서 그리스도교는 단지 종교적 탄생에서 비롯된 것이 아니라 그 전부터 전승되고 있던 왜곡된 사유의 흐름을 의미하며 그리스도교를 대중을 위한 플라톤주의라고 표현한 것 역시 이러한 맥락에서 이해되어야 한다. Friedrich Nietzsche, 앞의 책, KSA 1, 637쪽. 또한 이와 관련하여 이상엽은 니체가 플라톤을 비판하는 이유에 대해 다음과 같은 점을 주목한다. "니체에게 추상적 이데아세계를 창안한 플라톤의 형이상학은 근대 학문의 객관주의의 전형적 모범이다. 플라톤은 '개념'과 '변증법'의 추종자로서 '영원한 이데아의 오류'에 빠져 있다. 니체에 따르면, 올바르게 생성된 개념만 불변의 것이고 존재하는 것이라는 믿음, '개념의 왕국'에는 감각적 경험의 세계를 넘어 진정한 현실을 보여주는 이데아가 존재함에 틀림없다는 믿음은 도덕적 믿음의 산물이다. 결국 플라톤은 이러한 도덕적 믿음 속에서 우리 스스로를 '선한 지성세계의 주민'으로 간주하고 이런 지성세계의 유사인 개념을 갖고 '신적인 변증법'을 통해 다시 선의 지성세계로 돌아간다고 믿는 종교인에 불과하다." 이와 관련한 논의는 이상엽, 「삶과 학문: 니체

니체는 신학자-본능이 충실한 인간이 정당한 방법으로 가치를 자연에 새길 수 없었다고 강조한다. 가치는 모든 힘에의 의지에 기초하는 것이기 때문에 모든 가치의 창조는 힘에의 의지를 통해서만이 가능하다. 즉, 고귀한 자들은 힘에의 의지를 자연에 새기는 행위를 통해 약한 자들과의 거리감인 거리의 파토스를 실현했지만, 이와 달리 신학자-본능과 같은 반동적인 충동에 충실한 자들은 약한 자들이었고, 자신의 삶의 가치를 힘에의 의지를 통해 실현할 수 없었던 것이다. 니체는 이러한 대립적인 구도 속에서 반동적인 충동에 충실한 자들이 갖는 원한감정에 일종의 기만이 깃들어 있다는 점을 간파한다. 즉, 니체에 따르면 이들의 원한 감정은 표면적으로는 모든 인간의 동일성을 의욕 하는 것, 다시 말해 동정과 같은 그리스도교적인 이념을 갈망하는 것처럼 보이지만, 사실 이들은 오직 자신들이 다른 이들의 힘의 고양만을 추구했다. 니체는 이러한 이중적인 기만의 구조 속에서 반동적인 충동에 충실한 자들은 영혼의 불멸성과 동일성의 파토스를 보증할 수 있는 장치를 발견하는데, 이것이 바로 그리스도교적 의미의 신이라고 주장한다.

니체에 따르면 본래 인간은 신의 피조물이 아니라, 신이 인간의 피조물이었다. 물론 니체는 그리스인들도 살기 위해 신들을 만들었다는 주장을 통해 인간의 삶에서 신이 특정한 역할을 한다는 것을 부정하지 않는다. 그러나 여기에서 신은 오직 인간의 삶에서 주체적인 역할이 아니라, 제한적인 의미에서 역할로 제한되어야만 했다. 하지만 그리스도교적 신은 가치 체계의 악의적인 위조를 통해 인간의 삶에 주체이자 주인으로서 자리매김하기 시작하는데, 이것은 기

의 학문 비판」, 『철학과 현상학 연구』 제21집, 한국현상학회, 2003, 451쪽 이하 참고.

만적인 장치에 불과한 것이다. 니체는 이러한 가치 체계의 위조를 다음과 같이 묘사한다. "삶의 건강한 도야 전체를 희생시키는 기생충 같은 인간, 즉 사제가 신의 이름을 오용하고 있다. 그는 자기가 가치를 결정할 수 있는 만사의 상태를 "신의 나라"라고 부른다.: 그런 상태에 도달시키고 그 상태를 유지시킬 수 있는 수단을 그는 "신의 뜻"이라고 부른다.(KSA 6, 195쪽)

따라서 니체는 그리스도교의 신이 신학자-본능과 같이 반동적인 충동에 충실한 자들이 또 다른 약한 자들을 속이기 위한 일종의 장치이며, 반동적 충동에 기반하는 가치에 의한 피조물이라고 지적한다. 니체는 그리스도교의 성서가 이와 같은 신의 출생의 기원을 숨기기 위해, 다시 말해 신이 인간으로부터 창조되었다는 것을 숨기기 위해 만들어낸 허구적 서사라고 주장한다. 이제 성서는 대지의 의미를 왜곡하고 인간을 나약하게 만드는 도구 중 하나로 인식된다. "성서는 사제들의 온갖 현란한 과장과 더불어, 오랫동안의 '죄'에 대한 속죄의 날들과 절규를 통해 공포된다. … 그때부터 삶의 모든 일에는 사제가 필요 불가결하도록 정리되었다."(KSA 6, 196쪽)

니체는 이러한 신학자-본능에 충실한 인간들이 그리스도교의 신의 이름을 통해 새로운 가치 체계를 생성했고, 이러한 가치 체계는 다시 신의 권위를 강화시키는 초월적이고 불변하는 가치로 일종의 순환론적 구조를 통해 모든 문화의 속에 전제되어 있는 데카당스적 요소로 고착화되었다고 지적한다. 따라서 이러한 순환적 과정은 한순간에 이루어지는 것이 아니라, "종교, 제의, 도덕, 역사, 심리학을 차례차례 치유 불가능한 방식을 써서 그것들의 자연적 가치와는 반대"(KSA 6, 192쪽)되는 방식으로 은밀하고, 지속적으로 행해졌다. 결과적으로 신학자-본능 같은 반동적 충동은 단지 하나의 문화 혹은 한 시대에 국한되지 않고 모든 문화의 데카당스로 전제될 수 있었다. 그러므로 문화의 데카당스에 대한 니체의 비판은 그리스도교의 신 자체를 향한 것이 아니라, 그리스도교의 신이라는 이념을 창조한 인간들이다. "나는 신학자-본능과 전쟁을 한다.: 나는 그것의 흔적을 여기저기서 발견한다. … 자기 자신의 광학을 '신', '구원', '영원'의 이름으로 신성불가침으로 만든 다음, 사람들은 다른 종류의 광학은 더 이상 어떤 가치도 가져서는 안 된다고 요구한다."(KSA 6, 175쪽)

앞에서도 언급한 바와 같이, 니체는 신이라는 이념의 필요성을 거부하지 않는다. 니체는 인간이 신을 창조한 행위를 너무나도 인간적인 행위로 간주한다. 니체의 관점에서 인간의 삶은 무한한 신들이 창조될 가능성으로 존재하고 있었으며, 과거에도 이미 수많은 신들과 삶을 공유하고 있었다. 이것은 인간이 과거에서부터 경이로운 세계를 이해하기 위한 도구로 신을 활용했기 때문이다.

그러므로 신은 본래 인간에게 단지 숭배의 대상으로 머물러 있는 것이 아니라, 충동과 같은 인간적인 본성이 적극적으로 반영되어 있는 일종의 거울이다. 이러한 맥락에서 인간은 본래 자신이 만든 피조물에게 예속되지 않았고, 오히려 자신들의 안위를 위해 신에게 위해를 가하기도 하였다. "중국의 선민들은 그들의 신에게 은총을 애써 얻기 위해, 자신들을 곤궁 속에 내버려 둔 그 신의 초상에 밧줄을 감아 쓰러뜨리고, 거리에서 점토와 거름 더미 사이로 끌고 다닌다. … 우리는 너를 찬란한 사원에서 살게 했고, 아름답게 도금해 주었고, 잘 먹이고 제물도 바쳐 왔는데, 너는 아주 배은망덕하다고 말한다."(KSA 2, 115쪽)

니체의 신의 존재에 대한 이와 같은 주장은 포이어바흐의 신에 대한 주장과 연관성을 가지고 있다. 포이어바흐 역시 신을 인간의 모습이 의인화된 것으로 본다. 포이어바흐에게 신의 존재는 철저하게 인간학의 결과이다. 이런 점에서 포이어바흐는 다음과 같이 말한다. "신학은 인간학이라는 말로 요약될 수 있다. 다시 말하면, 그리스어(Theos), 독일어 신(Gott)이라 불리는 종교의 대상에서 말하고 있는 것은 인간의 본질에 불과하다."[50] 포이어바흐에 따르면 유한한 인간은 신에게 자신의 본질을 투영하며, 이러한 인간의 의존감정(Abhängigkeitsgefühl)에서 비롯된다. "인간에게는 직접적인 의존감이 있다. 다시 말하면 인간은 자기 자신을 만들지 않았고 의존적이고 창조된 본질이며 생존의 근거를 인간 이외에서 갖고 있으며 자기 자신을 넘어서 있는 다른 존재를 지시한다."[51] 결국 포이어바흐는 인간의 본성이 자신의 사유를 대상에게 투영시킨다고 지적한다. "그가 원하고 상상하고 사유하는 것이 그에게 하나의 사물로 통용된다. 물론 그것이 그의 머릿속에만 들어 있음에도 머리를 벗어나 있는 사물로 간주된다."[52]

니체의 관점에서도 신은 포이어바흐와 마찬가지로 인간의 의존감정이 투영된 투영물이다.[53] 즉, 니체는 신이 초월적인 기원을 갖

---

50) 루트비히 포이어바흐, 『종교의 본질에 대하여』, 강대석 옮김, 한길사, 63쪽.

51) 루트비히 포이어바흐, 위의 책, 66쪽.

52) 루트비히 포이어바흐, 위의 책, 362쪽.

53) 포이어바흐는 신이 인간의 유한성에 대한 공포에서 비롯된 것이라고 주장한다. 포이어바흐에게 "종교적 사상은 바로 신에 대한 상상과는 완전히 별개인 죽음에 대한 생각이다. 왜냐하면 여기서 나는 나의 유한성을 눈앞에 떠올리기 때문이다. 죽음이 없이는 종교가 있을 수 없다는 사실이 명백할 때, 종교의 근거를 특징적으로 표현해 주는 것이 종속감이라는 사실도 명백하다." 또한 포이어바흐는 만약 "인간이 죽지 않고 영원히 산다면, 다시 말해 죽음이 없다면 종교도 없을 것"이라고 단언한다. 즉, 영혼과 같은 불멸하는 삶에 대한 갈망은 인간의 유한성에 대한 공포에서 비롯되는 것이었다. 이와 관련한 포이어바흐의 논의는 루트비히 포이어바흐, 위의 책, 82쪽 이하 참고.

거나 성스러운 것이 아니었지만, 인간은 이러한 신의 기원을 망각했고, 신의 존재를 통해 힘에의 의지의 극대화를 추구하는 인간을 억압했다고 주장한다. 여기에서 니체는 이러한 신에 대한 이해를 가치의 탈자연화라고 규정한다. "사람들은 신 개념을 변경시켜 버렸다. 사람들은 신 개념을 탈자연화시켰다. … (그리고 이것은) 단지 조건에 의해 제약된 신에 불과하다. 신 개념은 이제 사제 선동가들의 손아귀에서 도구가 되어 버렸다."(KSA 6, 193쪽)

니체에 따르면 그리스도교 신에게는 모든 인간적인 충동이 존재하지 않았다. 니체는 이와 같은 그리스도교의 신, 다시 말해 "분노와 복수와 질투와 조소와 간계와 폭행을 알지 못하는 신 … 승리와 파괴의 황홀한 열정조차 알지 못할 그런 신"(KSA 6, 182쪽)이 과연 인간에게 어떤 의미와 가치를 가질 수 있는지 물음을 제기한다.

니체는 이러한 맥락에서 인간에게 신의 존재가 허용된다면, 그것은 오직 인간을 닮은 신이어야 한다고 강조한다. 따라서 니체는 그리스도교적 신의 이념을 다음과 같이 거부한다. "병자의 신으로서의 신, 거미로서의 신, 정신으로서의 신 - 이것은 지상에서 실현되었던 것 중에서 가장 부패한 신 개념 중 하나이다.: 더 나아가 그것은 신 유형의 하향적 전개에 있어 바닥 수위를 나타내 주고 있을지도 모른다. 신이 삶에 대한 미화이자 삶에 대한 영원한 긍정이 되는 대신, 삶에 대한 반박으로 변질되어 버리다니! 신 안에서 삶과 자연과 삶에의 의지에 대한 적대가 선언되고 있다니! '이 세상'에 대한 온갖 비방의 공식이자, '저 세상'에 대한 온갖 거짓 공식이 신이라니! 신 안에서 무(Nichts)가 신격화되고, 무에의 의지(Wille zum Nichts)가 신성시되다니!"(KSA 6, 185쪽)

니체가 르네상스(Renaissance)를 인류의 고귀한 수학으로 평가하는 것 역시 르네상스가 반동적 충동으로부터 벗어나 인간의 본래적인 자연성으로 회귀하고자 했기 때문이다. "르네상스가 무엇이었는지에 대해 드디어 이해했는가? 이해하기를 원하는가? 그리스도교적 가치의 전도이자, 모든 수단과 본능과 천재들을 가지고 수행되었으며, 그 반대되는 가치인 고귀한 가치를 승리하게끔 했던 시도"(KSA 6, 250쪽)이다. 니체에 따르면 르네상스 문화는 신학자-본능과 같은 반동적인 충동으로부터 벗어나 진정한 힘에의 의지의 고양을 추구하는 체사레 보르자(Cesare Borgia)와 같은 인물을 탄생시켰다. 이러한 점에서 니체는 르네상스 문화를 다음과 같이 평가한다. "나 하나의 광경을 보고 있다. 올림포스의 제신들을 영원히 박장대소하게 할 만한 단초가 될 정도로 그렇게 감각적이고 그렇게 놀라우면서도 동시에 모순적인 광경을 - 교황으로서의 체사레 보르자를"(KSA 6, 250쪽) 니체는 이와 같은 르네상스 문화가 독일 철학의 영향으로 다시 데카당스로 하강할 수밖에 없었다고 주장한다. 독일 철학의 영향력으로 인해 "옛 이상으로 향하는 샛길이 열렸고, '참된 세계'라는 개념과 세계의 요체로서의 도덕 개념이 영리하고도 교활한 회의 덕분에 증명은 불가능하더라도 더 이상은 논박할 수 없는 것이 다시 되어 버렸다. … 실재가 '가상'이 되어 버렸다.: 반면 완전히 날조된 존재자의 세계가 실재"(KSA 6, 211쪽)로 인정받기 시작했다. 따라서 니체는 독일 철학의 정신을 플라톤 철학으로부터 전승되어 내려온 반동적 충동의 결과물이라고 평가한다.

## 3. 신의 죽음과 데카당스

니체는 신의 죽음이라는 메타포를 『즐거운 학문』의 125편을 통해 표현하고 있다. 이 메타포는 광인(tolle Mensch)이 밝은 대낮에 거리에서 등불을 들고 신을 찾고 있다는 외침으로부터 시작된다. 그러나 거리의 사람들은 신을 믿지 않았기 때문에 광인의 이러한 행동을 보고 다음과 같이 조롱한다. 그들은 경멸에 찬 어조로 신을 잃어버린 것인지, 아니면 신이 아치처럼 길을 잃었는지 묻는다. 그뿐만 아니라 거리의 사람들은 신이 어디로 숨어버린 것은 아닌지, 만약 그렇다고 한다면 신이 배를 타고 떠난 것인지 혹은 이민을 떠난 것인지 비웃는다. 그러자 광인은 자신을 비웃는 사람들 한가운데 뛰어들어 그들을 바라보며 다음과 같이 외친다. "신이 어디로 가냐고? 너희에게 그것을 말해 주겠노라! 우리가 신을 죽였다. - 너희들과 내가! 우리 모두가 신을 죽인 살인자다!"(KSA 3, 481쪽)

이러한 신의 죽음에 대한 니체의 메타포는 그리스도교의 본질에 대한 심층적인 분석을 야기하는데, 특히 카를 뢰비트는 니체의 이러한 외침을 단지 '신을 잃어버린 기독교에 대한 비판'으로 규정한다. 이는 뢰비트 자신이 니체의 사유를 "기독교적 나무에 맺은 최후의 과일"[54]로 평가한다. 이러한 해석적 특징은 칼 야스퍼스를 통해서도 나타나는데, 야스퍼스는 니체가 전개하는 문화 비판을 그리스도교의 진정성을 드러내기 위한 투쟁으로 규정한다. "니체의 투쟁은 결코 그리스도교를 희생하고자 하는 것이 아니다. 또한 니체의 투쟁은 그리스도교를 후퇴시키거나, 그리스도교로부터 벗어나고자 하려는 시도가 아니다. 니체는 그리스도교를 토대로 그리스도교

---

54) 카를 뢰비트, 『헤겔에서 니체로』, 강학철 옮김, 민음사, 2006, 462쪽.

를 극복하고자 한다. 다시 말해, 오직 그리스도교만이 발전시킨 힘들에 의지해 그리스도교에 대한 극복을 실현하고자 한다."[55]

　물론 신의 죽음에 대한 니체의 메타포는 곳곳에서 그리스도교의 신과 연결시킬 수 있는 해석의 단초가 제공된다. 그럼에도 불구하고 신의 죽음에 대한 니체의 메타포는 단지 그리스도교 비판의 범주에 머물러 있는 것이 아니다. 이것은 니체가 예수 그리스도에 대한 이중적 평가를 통해 나타난다. 니체에게 예수는 비판의 대상이자, 동경의 대상이다. 야스퍼스는 이와 같은 니체의 태도를 니체가 일관성 없는 주장을 전개하고 있다는 근거로서 제시한다. 그러나 니체가 전개하는 예수 그리스도에 대한 긍정적 평가는 그가 그리스도교의 신, 다시 말해 초월적이고 불멸하는 가치를 생성하는 상징 원리로서 비판되는 것과 구분되어야 한다. 니체에 따르면 신으로서의 예술은 인간 예수의 본모습이 아니라, 사도 바울에 의해 가공된 문화의 산물이었다. "구주 유형, 가르침, 실천, 죽음, 죽음의 의미, 심지어는 죽음 이후까지도 - 어느 것도 그냥 놔두지 않았으며, 실제 모습과 비슷하게라도 남아 있는 것은 아무것도 없게 되었다. 바울은 그러한 삶 전체의 중심을 간단히 이 세계적인 삶의 배후로 - '부활'한 예수에 대한 거짓말 안으로 옮겨 버렸다."(KSA 6, 381쪽) 다시 말해 니체에게 그리스도교의 신적 존재는 인간이 창조한 문화의 산물에 불과한 것이었다. 따라서 니체의 신의 죽음에 대한 메타포는 그리스도교의 신과 신의 이름으로 생성된 문화뿐만 아니라, 보다 근원적인 것으로 향하고 있었다.

　니체는 인간으로서 예수를 인간의 유한성에 대한 현사실성으로

---

55) 칼 야스퍼스, 『니체와 기독교』, 이진오 옮김, 문학과 현실사, 2006, 19쪽.

이해하며, 실존적 삶을 살아간 예수 그리스도의 삶을 긍정한다. "'신의 나라'가 마지막 장이요, 약속이라니! 복음은 그런 '나라'가 현존하고, 이루어졌으며, 현실이라는 것이었다. 예술의 그런 죽음이 야말로 바로 이런 '신의 나라'였던 것이다."(KSA 6, 212쪽) 니체에 따르면 예수는 그리스도교와 관련된 인물 중 유일하게 대지의 의미, 즉 '지금 여기'라는 삶의 토대에서 자신의 본능을 사랑으로 실천한 인간이다. 그리고 예수는 자신의 죽음을 통해, 다시 말해 유한한 삶의 주인으로서 자신의 가르침이라는 대지에 대한 사랑을 실존의 방식으로 입증하고자 했다. 이런 점에서 니체는 예수의 죽음을 모든 원한감정을 초월한 자유의 모범적인 예라고 평가한다. 왜냐하면 니체의 관점에서 예수 그리스도의 죽음은 단지 인류를 구원하기 위해서가 아니라, 인간의 실존적인 삶을 모두에게 알리기 위한 것이기 때문이다. 따라서 니체가 사제들에게 왜곡된 그리스도교가 아니라, 진정한 의미에서 그리스도교 신자는 단 한 사람도 존재하지 않았으며, 자신이 그리스도교 신자라는 믿음은 2000년 전부터 전승된 심정적인 자기 오해에서 비롯된 것에 불과하다고 주장하는 것 역시 이러한 맥락에서 고려되어야 한다.

이러한 측면을 고려해 본다면 신의 죽음에 대한 니체의 메타포는 단지 예수 그리스도의 죽음과 같은 제한적인 측면에 머물러 있는 것이 아니다. 니체에게 그리스도교와 관련된 일체의 사유인 그리스도교의 신과 이를 바탕으로 형성된 그리스도교 문화는 인간의 데카당스적인 본능, 즉 반동적 충동에 기반한 신학자-본능이 투영되어 있는 가치 체계였기 때문이다. 다시 말해, 초월적이고, 무제약적인 신의 이름을 통해 형성된 일체의 가치는 '지금 여기'라는 대지의 삶에 아무런 영향력을 행사할 수 없었다. 그럼에도 불구하고 인간은 이와 같은 사실을 망각한 채 자신의 삶에서 초월적인 신의 이름으로 형성된 가치의 척도와 이로부터 야기된 가치의 영향력을 수용한다. 그러므로 니체의 관점에서 이것은 단지 그리스도교로부터 시작된 것이 아니라, 반동적 충동으로부터 구체화된 신학자-본능의 간계이다.

알렉산더 네하마스 역시 신의 죽음이라는 니체의 메타포가 단지 종교의 무가치함을 선언하는 차원의 것이 아니라고 강조한다. 이러한 맥락에서 신의 죽음에 대한 니체의 메타포는 수천 년 동안 유럽 문화 전체를 지배하고 있는 가치와 관련된 일체의 기준점에 대한 거부에 국한된 것이 아니라, 데카당스 한 인간의 본능에 대한 끝나지 않는 실존적 저항으로 해석된다.

또한 신의 죽음에 대한 니체의 메타포에서 우리가 주목해야 할 것은 단지 신이 죽었다는 사실에 대한 고지로서 끝난 것이 아니라, 인간이 신을 직접 살해했다고 강조한다는 점이다. 다시 말해, 여기에서 신이 인간에 의해 죽임을 당했다는 것의 의미는 인간이 직접 자신에게 전승된 모든 가치를 제거했다는 것을 의미한다. 결국 인간은 신의 죽음으로 인해 기존 가치의 일체가 무화되는 것을 경험한다. 즉, 니체에게 신이 일종의 가치라는 의미로 해석된다면, 신의 탄생과 죽음은 너무나도 당연한 귀결이 된다. 왜냐하면 니체에 따르면 가치는 끊임없는 투쟁을 통해 언제나 새롭게 생성되는 것이기 때문이다.

하지만 인간은 기존의 가치가 모두 무화된 상황인 모든 가치가 몰락한 상황 속에서 근원적인 불안감을 느낀다. "모든 태양으로부터 저 멀리 떨어진 채, 끝없이 추락하고 있는 것은 아닌가? 뒤로, 옆으로, 앞으로, 온갖 방향으로 추락하고 있는 것 아닌가? 아직도 위와 아래가 있는 것일까? 우리는 끝이 없는 무(無) 속에서 이리저리 헤매고 있는 것은 아닐까?"(KSA 6, 207쪽) 따라서 신의 죽음을 통해 나타나는 기존의 가치들의 의미 상실과 이로 인해 생겨나는 가치의 몰락은 인간이 그리스도교의 신으로부터 일체의 가치가 문화로 형성되었을 때보다 훨씬 이전부터 인간에게 예고되어 있었던 것이다. 이러한 맥락에서 니체에게 모든 가치의 몰락, 즉 기존의 가치들이 의미를 모두 잃어버린 상황을 니힐리즘(Nihilismus)으로 규정되고, 이러한 니힐리즘을 일정한 순간에 시작되는 하나의 사건의 형식이 아니라 이미 인간에게 도래해 있는 사건, 다시 말해 역사의 이행과정으로서 드러나는 과정이라는 점이 강조될 수 있다.[56]

니체는 신의 죽음을 통해 제시된 가치의 부재라는 상황을 가치의 영원한 상실로 규정하지 않는다. 여기에서 몰락은 오히려 가치의 고양을 위한 일종의 예비 작업이기 때문이다. 니체는 이를 다음과 같이 비유적으로 표현한다. "나는 사랑하노라. 왜 몰락해야 하며 제물이 되어야 하는지, 그 까닭을 먼저 별들 뒤편에서 찾는 대신 언젠가 이 대지"(KSA 4, 17쪽)에 헌신해야 한다. 니체는 모든 가치가 몰락하고, 가치의 부재라는 상황 속에서 누가 우리에게 다시 가

---

56) 니체는 니힐리즘의 선형식(Vorform)을 염세주의(Pessimismus)라고 주장한다. 하지만 니체에게 흔히 세계를 가능한 세계 중 가장 최악의 세계로 파악하는 태도, 그리고 이런 세계 속의 삶을 긍정적으로 바라보지 않는 그런 태도는 진정한 의미의 염세주의가 아니라 약함의 염세주의의 전형이라고 주장한다. 니체는 이런 약함의 염세주의에 빠져 있는 자들을 다음과 같이 평가한다. 이들은 "삶의 빈곤으로 인해 고통받는 자다. 그는 안식과 고요, 잔잔한 바다 또는 도취와 경련과 마비를 예술과 철학에 요구한다. 삶 자체에 대한 보복 - 이것은 그런 빈곤한 자에게는 가장 도취인 것이다. … 이들은 삶을 부정하고, 삶을 비방"하는 자들이다. 또한 니체에게 염세주의는 필연적으로 강함의 염세주의, 다시 말해 니힐리즘으로 이행되고 있음을 지적한다. 니힐리즘의 이행과 관련한 니체의 논의는 Friedrich Nietzsche, KSA 6, 425쪽 이하 참고.

치를 생성해 줄 수 있는지 묻는다. "우리는 이제 어디에서 위로를 얻을 것인가? 지금가지 세계에 존재한 가장 성스럽고 강력한 자가 지금 우리의 칼을 맞고 피를 흘리고 있다. 누가 우리에게서 이 피를 씻어줄 것인가?"(KSA 3, 480쪽)

니체는 우리 자신이 직접 신의 죽음을 통해 거부된 가치의 일체, 다시 말해 초월적이고, 신적인 것들로부터 야기된 가치와 관련된 데카당스로부터 벗어나 새로운 삶의 가치를 정립해야 한다고 강조한다. 물론 니체는 이를 위해 우리에게 신의 살해라는 행위의 위대함을 감당할 수 있는지 조심스럽게 묻는다. 왜냐하면 인간은 전승된 모든 가치 체계로부터 벗어나 스스로 가치의 척도를 기준으로 자신만의 가치를 생성하며, 이를 새로운 문화로 정립하는 것은 결코 쉬운 일이 아니기 때문이다. 그럼에도 불구하고 니체는 인간이 이제 과거로부터 통용되어 온 전승된 진리로부터가 아니라, 자신으로부터 새로운 가치를 생성해야만 한다고 강조한다. 따라서 이렇게 형성된 가치는 어떤 가치의 절대적인 기준점으로 평가될 수 없는 고유함을 내재하고 있다. 이제 니체는 진리를 "어떤 것이 참이라고 믿어지는 한에서 최고로 중요한 것"(KSA 6, 190쪽)이라고 주장한다. 이제 더 이상 진리는 인간에게 절대적인 기준점을 제시할 수 없었고, 현상에 해석만이 존재할 뿐이었다. 니체는 이러한 맥락에서 "수많은 눈이 있다. 스핑크스 역시 눈들을 가지고 있다.: 따라서 그 어떠한 진리도 없다"(KSA 11, 498쪽)고 강조한다.

니체는 이러한 진리가 인간의 관점적 가상(perspektivischer Schein)을 통해 생성되는 것이라고 주장한다. 이런 맥락에서 니체는 인간이 신과 동등한 지위를 지니고 있다고 주장한다. "우리 스스로가 신이 되어야 하는 것이 아닐까? 이보다 더 위대한 행위는 없었다. 우리 때문에 지금까지의 어떤 역사보다도 더 높은 역사에 속하게 될 것이다. 그리고 우리 다음에 태어나는 사람은, 누구든지, 이런 행위로 말미암아, 지금까지 있었던 모든 역사보다도 한층 높은 역사의 구성원이 될 것이다."(KSA 3, 481쪽)

**2장**

# 모든 문화의 가치전도

## 1. 위버멘쉬와 주체성 극복

니체는 모든 가치의 기원을 무시간적이고, 초월적인 신으로부터 설명하는 그리스도교적 사유 일체를 거부한다. 니체에게 신은 더 이상 모든 가치의 초월적 기원이 아니라 인간이 자신의 삶을 위해 자신의 힘에의 충동을 고양시키기 위해 창조한 피조물일 뿐이다. 니체의 관점에서 신이라는 존재가 인간의 실존적 삶에서 의미를 가질 수 있다면 그것은 오직 인간의 삶을 고양시킬 수 있을 때이다.

그러나 니체는 그리스도교의 신은 이러한 존재론적 의미를 가질 수 없다고 강조한다. 왜냐하면 신은 특정 계층이나, 인간 계층의 이익을 대변하기 위한 도구가 아니기 때문이다. 이러한 맥락에서 니체는 데카당스적인 신학자-본능에 충실한 인산들이 신의 의미를 왜곡했다고 지적한다. 따라서 니체의 그리스도교 비판은 그리스도교 자체에 머무는 것이 아니라, 보다 근원적인 인간의 반동적 충동과 관련성을 갖는다.

니체에 따르면 이와 같은 가치의 데카당스는 모든 인간으로 하여금 '지금 여기'의 삶, 다시 말해 대지의 삶이 아니라 초월적인 세계와 초월적 가치라는 피안의 삶을 의욕 하게 되는 원인이다. 그러므로 신의 죽음이라는 메타포는 단지 그리스도교에 대한 반발심 혹은 신앙심에 대한 저항이 아니라, 이제 더 이상 초월적인 가치가 '지금 여기'라는 우리의 삶의 토대에서 아무런 영향력을 행사할 수 없다는 니체의 강력한 외침이다.

니체는 모든 가치가 상실하는 신의 죽음과 같은 사건이 특정한 시점에 갑작스럽게 일어나는 것이 아니라, 이미 우리에게 예고되었던 사건이라고 주장한다. 이것은 초월적인 가치에 대한 믿음이 모든 가치가 몰락하는 니힐리즘에 대한 실존적 두려움을 전제하고 있기 때문이다.

인간은 데카당스적 문화 속에서 자신의 힘에의 의지를 통한 가치의 새로운 생성을 두려워한다. 이러한 이유로 인간은 자신의 삶을 초월적 가치를 기준으로 해석한다. 그러나 니체는 니힐리즘이 모든 가치의 하강이나 상실만을 함의하는 것이 아니라고 강조한다. 즉, 이러한 몰락은 오히려 상승을 위한 필요충분조건이다. 니체는 이제 모든 가치의 부재 속에서 가치의 존재가 새롭게 드러나야 한다고 주장한다.

니체에 따르면 인간은 이제 새로운 가치 생성의 주체로서 거듭나야만 했다. 니체는 이와 같은 새로운 가치 생성의 주체를 위버멘쉬라고 명명한다. 니체는 신의 죽음과 위버멘쉬의 관계를 다음과 같이 설명한다. "모든 신은 죽었다. 이제 위버멘쉬가 등장하기를 우리는 바란다. 이것이 언젠가 우리가 위대한 정오를 맞이하여 갖게 될 최후의 의지가 되기를!"(KSA 4, 102쪽) 여기에서 니체는 위버멘쉬가 인간이 자기 극복의 과정을 통해 지향해야 할 인간의 모습이라고 주장한다. "너희에게 위버멘쉬를 가르치노라. 인간은 극복되어

야 할 그 무엇이다."(KSA 4, 14쪽)

그뿐만 아니라 위버멘쉬는 기존의 인간들과 달리 초월적인 가치가 아니라, '지금 여기'라는 대지의 의미를 충실히 수행하는 자이다. "보라, 나는 너희에게 위버멘쉬를 가르치노라! 위버멘쉬가 이대지의 뜻이다. 너희 의지로 하여금 말하도록 하라. 위버멘쉬가 대지의 뜻이 되어야 한다고! 형제들이여, 맹세코 대지에 충실해지자. 하늘나라에 대한 희망을 설교하는 자들을 믿지 마라! 그런 자들은 스스로가 알고 있든 모르고 있든 독을 타 사람들에게 화를 입히는 자들이다."(KSA 4, 14쪽)

여기에서 주의해야 할 점은 인간의 자기 극복이 초월적이고, 영원한 극복을 의미하는 것이 아니라는 점이다. 왜냐하면 위버멘쉬는 어떤 인간의 영원한 상태를 의미하는 것이 아니기 때문이다. 따라서 니체는 이러한 자기 극복의 과정이 결코 일회적인 과정이 아니며, 지속적인 불안 속에서 진행된다는 점을 강조한다. 즉, 인간의 자기 극복의 과정은 "저편으로 건너가는 것도 위험하고 건너가는 과정, 뒤돌아보는 것, 벌벌 떨고 있는 것도 위험"(KSA 4, 17쪽)에 노출되어 있다.

물론 니체의 관점에서 인간은 자기 극복의 과정 없이도 "짐승과 위버멘쉬 사이를 잇는 밧줄, 심연 위에 걸쳐 있는 하나의 밧줄"(KSA 4, 17쪽)에 의존한 채 불안한 상태로 존재한다. 인간의 이와 같은 실존적 불안은 인간을 마지막 인간(der letze Mensch)이라는 데카당스적 인간으로 하강시킨다. 니체는 이러한 마지막 인간을 다음과 같이 비판한다. "보라! 나 너희에게 마지막 인간을 보여주겠으니. … 대지는 작아졌으며 그 위에서 모든 것을 작게 만드는 저 마지막 인간이 날뛰고 있다. 이 종족은 벼룩과도 같아서 근절되지 않는다. 마지막 인간이 누구보다도 오래 산다."(KSA 4, 19쪽)

즉, 니체는 인간의 실존적 상황이 인간을 마지막 인간이라는 삶의 형태로 너무나도 쉽게 몰락시킬 수 있다고 주장한다. 그뿐만 아니라 니체에게 인간의 몰락은 인간의 자기 극복의 과정을 위한 필수불가결한 조건으로 제시된다. "인간에게 위대한 것이 있다면 그것은 그가 목적이 아니라 하나의 교량이라는 것이다. 인간에게 사랑받을 만한 것이 있다면, 그것은 그가 하나의 과정이요, 몰락이라는 것이다."(KSA 4, 17쪽)

그러나 니체의 의도와는 달리 하이데거는 니체의 신의 죽음에 대한 메타포와 위버멘쉬를 철저하게 전승된 전통 형이상학과 연속성속에서 파악한다.[57] "신의 죽음과 신들의 사망에 대해 사색되는 이기이한 사상은 이미 젊은 니체에게는 매우 친숙한 것이 되었다. … 젊은 헤겔은 '믿음과 앎(Glauben und Wissen 1802)'이라는 그의 논문의 맺음말에서 '근대의 종교 속에 깃들어 있는 심정은 곧, 신 자체가 죽어 있다는 심정'이라고 말한 바 있다. … 파스칼이 플루타르크(Plutarch)로부터 인용한 '위대한 판(Pan) 신은 죽었다'라는 말은, 비록 대립된 이유에서 그런 것이긴 하지만, 동일한 영역에 속해 있다."[58]

---

57) 물론 하이데거의 이러한 비판에도 불구하고 니체의 신의 죽음에 대한 메타포를 이전 형이상학과 완전히 동일한 개념으로 파악하고 있는 것은 아니다. 특히 하이데거는 니체가 신의 죽음을 통해 전개한 니힐리즘이라는 개념에 대해 다음과 같은 공통된 사유의 지평을 드러내는데, 우리는 이를 다음과 같이 정리해 볼 수 있다. 첫째, 니힐리즘이 하나의 역사적 운동이라는 사실, 둘째, 니힐리즘은 어떤 특정한 사상가에 의해 창조된 견해나 학설이 아니라는 점, 셋째, 이러한 흐름이 서구 형이상학에 내재되어 있다는 사실, 넷째, 니힐리즘의 전개는 필연적으로 세계가 파멸하는 결과를 초래할 수밖에 없는 몰락의 과정이라는 사실이다.

58) 마르틴 하이데거, 「"신은 죽었다"는 니체의 말」, 『숲길』, 신상희 옮김, 나남, 2008, 374쪽.

하이데거는 니체의 위버멘쉬 개념에 대해 신의 죽음이라는 사건을 통해 신의 영향력으로부터 완벽하게 벗어나 인간을 주체적인 존재로 정립하고자 하는 시도로 평가한다. 즉, 신의 죽음이라는 사건을 통해 "모든 존재자는 이제 '대상으로서 현실적인 것'이거나 혹은 그 안에서 대상의 대상성이 구성되는 '대상화로서 작용하는 것'이 된다. 대상화는 표상하면서 [앞에 - 세우면서] 대상을 '생각하는 나(ego cogito)'를 향해 마주 세우면서 이러한 '나'에게로 이끌려 온다(zustellen). 이렇게 마주 세우고-이끌어 옴 속에서 '나'는 그 자신의 고유한 행위의 근저에 놓여 있는 것으로서, 즉 기체 [subjectum, 주체]로서 입증된다. 주체는 자기 자신을 위한 주체이다. 의식의 본질은 자기의식이다. 따라서 모든 존재자는 주체의 객체이거나 혹은 주체의 주체이다. 어디에서나 존재자의 존재는 자기 자신 앞에 자신을 내세우며(sich-vor-sich selbst-stellen) 그리하여 자신을 설립하는(Sich-auf-stellen) 그런 활동 속에 놓이게 된다. 인간은 존재자의 주체성(Subjektivität)의 영역 속에서 자기 본질의 주관성으로 일어난다(aufstehen). 즉, 인간은 봉기한다(im Aufstand treten). 세계는 대상이 된다."[59]

하이데거는 니체의 이러한 주장이 데카르트로부터 시작된 모든 근대 형이상학, 다시 말해 데카르트의 코기토와 같은 주체성의 자기 확실성을 정당화하는 작업이라고 평가한다. 즉, 하이데거의 관점에서 이러한 자기 확실성의 문제는 바로 근대 형이상학의 공통된 문제였다. "어떻게 존재자 전체 안에서, 따라서 모든 존재자의 가장

---

59) 마르틴 하이데거, 「"신은 죽었다"는 니체의 말」, 『숲길』, 신상희 옮김, 나남, 2008, 374쪽 이하 참고.

깊은 존재 근거 앞에서, 자기 자신의 지속성을, 다시 말해 자신의 구원을 확신하게 되며 또 확신할 수 있는가라는 물음"[60]을 제기하게 되었고, 이때 필요한 것이 바로 주체성에 대한 확신이었다.

특히 데카르트는 진리의 확실성을 회의하는 가운데, '나는 생각한다(ergo cogito)'는 것이 '지속적으로 현존한다는 사실'을 발견했고, 이를 근거로 '나는 존재한다(ergo sum)'는 사실을 기체(subiectum)로 전제되었다.[61] 다시 말해, 근대 형이상학에서 주체의 주체성은 신을 대신하여 의식의 자기 확실성과 앎의 명증성을 보증해 줄 수 있는 도구였다. 그러므로 하이데거는 니체가 자신의 형이상학적 원리로서 힘에의 의지를 전제하는 것은 "모든 현실적인 것의 본질을 힘에의 의지라고 보는 니체의 이론 속에서 주체성의 근대적 형이상학이 완성되고 있다는 사실을 분명히 보여주고 있는 것"[62]을 의미한다.

하이데거는 니체가 이러한 주체의 자기 확실성으로부터 모든 존재자의 가치를 규정했다고 지적한다. 즉, 니체에게 가치는 "생성하는 과정 속에서 상대적으로 지속하는 삶의 복합적 형성체(komplexes Gebilde des Lebens)를 바라보는 가운데 유지하고 향상하기 위한 조건들의 시점(Gesichtspunkt)"[63]이다. 즉, 여기에서 니체에게 힘에의 의지는 "가치정립의 필연성을 위한 근거이며, 가치평가의 가능성의

---

60) 마르틴 하이데거, 「"신은 죽었다"는 니체의 말」, 『숲길』, 신상희 옮김, 나남, 2008, 361쪽.

61) 마르틴 하이데거, 「"신은 죽었다"는 니체의 말」, 『숲길』, 신상희 옮김, 나남, 2008, 351쪽. 하이데거는 니체와 데카르트가 아리스토텔레스와 마찬가지로 기체(hypokeimenon)를 문제 삼고 있다는 점에서 전승된 형이상학의 궤도 속에 머물러 있다고 주장한다. 특히 확고부동한 것으로서의 대상은 예로부터 '지속적으로 현존하는 것'으로서 존재자에게 편재한다고 여겨왔던 존재자의 본질 성격을 충족시키고 있다고 주장한다.

62) 마르틴 하이데거, 「"신은 죽었다"는 니체의 말」, 『숲길』, 신상희 옮김, 나남, 2008, 352쪽.

63) 마르틴 하이데거, 「"신은 죽었다"는 니체의 말」, 『숲길』, 신상희 옮김, 나남, 2008, 339쪽.

근원"[64]으로 규정된다.

하이데거는 바로 이러한 힘에의 의지가 니체의 사유에서 자기 자신의 존립에 대한 보장을 필연적 가치로 정립되며, 이를 통해 모든 주체성의 필연성은 비로소 인정된다고 주장한다. 이러한 맥락에서 하이데거는 니체의 사유를 서구 형이상학의 완성(Vollendung)으로 규정한다.

물론 니체는 전승된 형이상학과 달리 초월적 가치의 기반이 아니라, 힘에의 의지라는 대지의 의미를 실현할 수 있는 위버멘쉬를 새로운 가치 생성의 토대로 제시한다. 그러나 니체에게 위버멘쉬는 데카르트의 코기토와 같은 모든 인간의 의식의 바탕에 기체로서 내재해 있는 존재가 아니다. 그뿐만 아니라 니체 역시 하이데거와 마찬가지로 데카르트에서 비롯된 근대 주체성 개념을 거부한다. 주지하는 바와 같이, 데카르트는 '나는 생각한다. 그러므로 나는 존재한다(cogito, ergo sum)'라는 명제를 통해 인간의 사유를 존재로 나아갈 수 있는 부동의 시작점으로 제시한다. 여기에서 '나는 존재한다(ergo sum)'는 오직 '나는 생각한다(ergo cogito)'에 기반한 것이다. 데카르트는 이와 같은 아르키메데스의 점을 통해 세계를 '사유하는 것(res cogitans)'과 '연장하는 것(res extensa)'이라는 이분법적 구도로 파악하며, 이에 대해 명석판명한 앎을 추구한다. 하지만 니체는 이러한 데카르트의 주장에 대해 다음과 같이 비판한다. "데카르트는 나에게는 충분히 철저하지 못하다. 확실하고자 하고, '나는 속지 않으려 한다'는 그의 요구에서 '왜 그러면 안 되는가'라고 물을 필요가 있다."(KSA 11, 632쪽)

---

64) 마르틴 하이데거, 「"신은 죽었다"는 니체의 말」, 『숲길』, 신상희 옮김, 나남, 2008, 341쪽.

니체의 이와 같은 주장에는 세계에 대한 명석판명한 앎에 대한 회의가 전제되어 있다. 니체에게 세계의 불확실성은 오히려 삶의 실존적 의미가 적극적으로 드러나는 과정이라는 점에서 전승된 형이상학에서 확보하려고 했던 세계의 확실성보다 큰 가치를 가지고 있는 것이었기 때문이다. 따라서 니체의 관점에서 실재와 가상이라는 대립적인 구도는 더 이상 인간의 삶에 아무런 영향력을 행사할 수 없었다.

니체는 이러한 맥락에서 주체성을 통해 사유와 존재의 일체를 증명할 수 있다고 주장하는 데카르트를 비판한다. 즉, 데카르트의 방법적 회의는 사유의 영역에서 가상과 불확실성을 제거하고 존재로 나아갈 수 있는 토대를 제공하기 위한 사유 시험이었지만, 니체가 보았을 때 이것은 확실성에 대한 믿음이 아니라, 믿음을 가능하게 하는 초월적 존재에 대한 신앙을 담보하고 있었다. 니체는 이러한 초월적 존재에 대한 믿음을 제거한다면, 다음과 같은 문제가 야기된다고 지적한다. "생각된다. 그러므로 생각된 것이 있다는 명제로 환원시켜 보면, 우리는 단순한 동어 반복만을 얻을 뿐이다.: 그리고 문제가 되었던 바로 그것, 즉 '생각된 것의 실재성'은 건드려지지도 않는다."(KSA 12, 548쪽)

니체의 관점에서 데카르트의 사유는 세계가 하나의 기만이라도, 오직 사유 속에서만 존재할 수 있다는 사실을 통해 오히려 초월적인 존재를 보증하고 있다. 왜냐하면 데카르트의 '나는 생각한다'는 것의 확실성을 사유, 다시 말해 생각을 스스로 보증할 수 없기 때문이다. 니체는 데카르트의 이러한 확실성에 대한 믿음을 자신이 인식한 대상이 사물의 순수한 상태, 즉 물자체라는 믿음을 갖는 것과 유사하다고 주장한다. 그러나 니체의 관점에서 이러한 주장들은 자기 자신 안에 형용모순을 함축하고 있는 것이다. 결국 니체는 데카르트의 사유 실험이 '사유하는 존재(cogito sum)'라는 실체에 가로막혀 더 이상 전개될 수 없다고 주장한다. 다시 말해, 니체의 관점에서 근대 형이상학을 관통하는 '사유하는 존재(cogito sum)'는 명석판명한 앎의 시작점이 아니라, 오히려 기원을 알 수 없는 허구적인 이념일 뿐이다.

니체는 이러한 근대적인 나(Ich)가 어떤 존재론적 의미도, 어떤 인식론적 의미도 없다고 강조한다. 니체에 따르면 이러한 주체성 개념은 과거 신과 영혼과 같은 추월적인 것에 대한 맹목적인 믿음의 변형된 형태이다. 니체는 이러한 맥락에서 형이상학적 주체 개념을 단호히 거부한다. "주어 '나'는 술어 '사유한다'의 조건이라고 말하는 것은 사실을 왜곡한 것이다. 그것이 사유한다(es denkt).: 그러나 이러한 '그것(es)'이 바로 저 오래되고 유명한 '자아(Ich)'라고 한다면, 관대하게 말한다고 해도, 단지 하나의 가정, 주장일 뿐, 무엇보다도 그 어떠한 '직접적인 확실성'이 아니다. ⋯ 사람들은 여기에서 문법적인 습관에 따라 '사유는 하나의 활동이며, 모든 활동에는 활동하는 하나의 주체가 있다. 그러므로'라고 추론한다."(KSA 5, 31쪽)

결국 니체는 이와 같은 주체의 문제를 언어의 문제로 확장시킨다. 즉, 니체의 관점에서 이러한 주체의 문제는 바로 언어적 습관으로부터 기인한 것이다. 니체에 따르면 인간은 일반적으로 자신에게 일어나는 모든 사건을 어떤 주체에 대한 술어로 표현한다. 다시 말해, 인간의 언어적 습관에는 인간 자신이 주어와 술어 그리고 원인과 결과를 구분할 수 있는 권리를 갖고 있다는 믿음이 전제되어 있다. 니체에 따르면 이러한 "주어와 술어에 대한 원초적 믿음"(KSA 12, 182쪽)은 오직 자기 자신을 근거한 것이다. 즉, "우리에게 인과성에 대한 믿음의 특별한 확고함을 부여하는 것은 사건들의 연속의 습관이 아니라, 사건을 의도에 의한 사건으로 해석하는 것밖에는 달리 해석할 수 없는 우리의 무능력이다."(KSA 5, 102쪽) 니체는 이와 같은 믿음을 다음과 같이 설명한다. "모든 판단 속에는 우리의 가장 오래된 믿음이 있다. 모든 판단 속에는 참으로 간주함 또는 거짓으로 간주함이 있다. 주장 또는 부정, 어떤 것이 다르지 않고 바로 그렇다는 확실성, 여기서 실제로 '인식'했다는 '믿음'"(KSA 12, 103쪽)이 바로 그것이다.

그러나 니체의 관점에서 인간에게 세계에 대한 인식은 오직 사실에 대한 있는 그대로의 것이 아니라, 사건에 대한 해석으로 존재할 수밖에 없었다. 결국 니체는 인간이 주어, 술어의 문법 속에서 자신에게 나타난 변화 그 자체를 파악하는 것이 아니라, 오직 하나의 속성으로만 파악할 수 있다고 지적한다. "'만약 내가 번개가 번쩍거린다'라고 말한다면, 나는 번쩍거림을 한 번은 행위로서 그리고 다른 한 번은 주체로서 설정한 것이다.: 그러므로 사건에다, 사건과 일치하지 않고 오히려 머무르고, 존재하고, "생성되지" 않는 존재를 상정한 것이다. 사건을 작용으로 설정함: 그리고 작용을 존재로서 설정함: 이것은 중복적 오류이거나, 아니면 우리 자신에게 책임이 있는 해석이다."(KSA 12, 104쪽) 그러므로 니체는 인간이 사물 자체의 본성에 다가갈 수 없고, 현상과 물자체를 구별할 수 있는 어떤 권리와 수단을 갖고 있지 않다고 주장한다.

또한 니체는 인간의 언어적 습관에는 사물의 균등성(Gleichheit)에 대한 믿음이 전제되어 있다고 지적한다. 인간의 "판단이란 '이러이러한 것은 이와 같다'고 하는 믿음이다. 즉, 판단 속에는 동일한 사례를 만났다고 하는 고백이 숨어 있다.: 즉, 이는 기억의 도움으로 인한 비교를 전제한다. 판단이란 동일한 경우가 현존해 있는 듯이 보이게 하는 것이 아니다. 오히려 판단은 그러한 경우를 지각한다고 믿으며, 대체로 동일한 경우가 있다는 전제에서 작용한다."(KSA 11, 634쪽)

니체는 이러한 균등성의 정당성을 부여하는 것이 바로 보편적인 인간 속에 내재해 있다고 전제하는 기체라고 주장한다. 그러므로 니체는 이러한 사물의 획일적인 이해를 단호히 거부한다. 물론 니체는 인간이 사물과 상태들을 균등하게 설정하고, 정립한다는 사실 자체를 부정적으로 평가하지 않는다. 그러나 니체의 관점에서 사물의 균등성은 사실의 영역에서 벗어나 있는 것이다. 따라서 니체에게 사물의 균등성은 인간이 창조한 일종의 가상으로 해석된다. 하지만 이러한 가상은 "지평선에서처럼 모든 것이 그 안에 한 줄로 결합하는 외관상의 동일성"(KSA 12, 106쪽)을 갖는 것이 아니라, 인간의 각자적인 몸을 기반으로 인식된다. 여기에서 몸은 정신과 대립적이거나, 예속되어 있는 신체 개념이 아니라, 오히려 정신을 포괄하는 개념이다.

니체에게 오히려 정신은 큰 이성 속에 속해 있는 작은 이성이다. 그러므로 니체의 관점에서 인간은 전적으로 몸일 뿐이며, 그 밖의 아무것도 아니다.[65] 니체는 이러한 구분을 통해 몸의 충동과 욕망을

___
65) 김정현은 이와 관련하여 니체의 몸을 다음과 같이 요약적으로 제시한다. "몸은 의식의 언어활

극복하고자 했던 전승된 형이상학적 관점을 극복하며, 인간을 도구적 이성으로부터 해방시키고자 했다. 니체는 이러한 정신과 몸의 차이를 다음과 같이 설명한다. "신경 기관이나 두뇌 기관은 대체로 사유, 감정, 의지로 산출할 만큼 그렇게 섬세하거나 '신적으로' 구성되어 있지 않다.: 오히려 바로 그것을 위해, 즉 사유하고 감정을 느끼고 의지하기 위해 그 자체로 아직은 어떤 '기관'도 필요하지 않으며, 오히려 이것이 … 저 섬세하고 결합 체계와 매개 체계, 그리고 그러한 것을 통한 이러한 보다 높고 낮은 모든 존재의 번개같이 빠른 변화가 … 오히려 인간이라고 부르는 생명체와 지성의 저러한 어마어마한 종합"(KSA 11, 577쪽)이 몸을 통해 가능하다.

　니체는 인간의 몸을 하나의 의식이 아니라, 인식되지 않는 형태로 존재하는 충동들이 끊임없는 투쟁을 벌이는 지평으로 정의한다. 즉, 인간의 몸은 "우리의 사고나 일반적으로 우리의 인식의 근저에 그 협동적 놀이나 투쟁 있게 되는 다수의 주체들"(KSA 11, 636쪽)이라는 충동들의 집합체이다. 또한 니체는 이러한 충동들이 기체와 같이 정적으로 존재하는 것이 아니기 때문에 하나의 이름으로 규정할 수 없는 존재라고 주장한다. "우리의 몸을 구성하는 저 가장 작은 생명체 역시 (더 올바르게 말하자면: 우리가 '몸'이라고 부르는 것의 협동에 대해 말하자면, 가장 좋은 비유는) 우리에게는 영혼의

---

동(의미의 기층)과 충동, 본능 또는 무의식이라는 의미 이전의 기층이 상호 교직된 텍스트다. 니체는 의식활동의 이면에 무의식이라는 또 하나의 거대한 이성이 작동하고 있다고 본다. 사유와 사유 사이에서 여러 충동들이 상호 투쟁하는 중간 세계(Zwischenwelt)가 있기에 우리는 생각의 노예가 되기도 하고, 때로는 감정의 노예가 되기도 한다. 우리 자신의 자아 역시 단순히 이성에 의해 획득될 수 있는 고정된 실체가 아니라, 내면의 충동에 의해 끊임없이 변형되고 무너지고 재구성되는 투쟁의 형태일 뿐이다. 그렇기에 진정한 자아도, 절대적 자아도 있을 수 없으며, 자아란 자기 몸의 수없이 많은 충동들이 빚어내는 투쟁의 잠정적인 형태"이다. 이와 관련된 김정현의 논의는 앞의 책, 78쪽 이하 참고.

원자가 아니라, 오히려 성장하고, 투쟁하며, 스스로 증대되고, 다시 쇠약해지는 것으로 여겨진다.: 따라서 그것의 수는 불안정하게 변하며, 우리의 생명은 각각의 생명처럼 지속적인 죽임이기도 하다."(KSA 11, 577쪽) 여기에서 세계를 둘러싼 인간의 가치 투쟁은 더 이상 인간의 삶을 피폐하게 만드는 것이 조건이 아니라, 오히려 세계를 향한 놀이의 요소로서 이해될 수 있다.

## 2. 시간성과 가치전도

니체의 동일한 것의 영원회귀(Ewige Wiederkunft des Gleichen)라는 사유는 니체의 시간성을 논의하기 위한 핵심적인 주제이다. 사실 시간성에 대한 논의는 니체뿐만 아니라, 플라톤과 아리스토텔레스를 시작으로 아우구스티누스와 칸트에 이르기까지 전통 형이상학의 핵심적인 주제이며, 하이데거를 비롯한 베르그송과 같은 현대 사상가들에도 끊임없는 논쟁거리이다.

물론 철학적인 영역에서 논의되는 시간성은 우리가 일상적으로 말하는 시간, 다시 말해 시계 혹은 달력에 의해 측정되는 시간을 의미하는 것은 아니다. 하이데거의 표현을 빌리자면 이러한 일상적인 시간은 양적으로 측정된 '통속적 시간(volgäre Zeit)'을 의미한다. 그러나 여기에서 철학적 담론을 통해 논의될 시간은, 이러한 '통속적 시간'이 아니라 인간의 의식 안에서 존재하는 시간성이다. 하이데거는 이렇게 인간의 의식 속에 존재하는 진정한 의미의 시간, 다시 말해 본래적 시간(die eigentliche Zeit)의 의미를 강조한다.

니체의 동일한 것의 영원회귀 사유 역시 이러한 시간의 본래적인 영역인 시간성에 대한 논의이다. 그뿐만 아니라, 니체의 영원회귀 사유는 니체의 모든 철학적 사유와 연결되어 있는 주제이다. 이것은 니체가 초월적 가치를 추구한 전승된 형이상학을 비판하고, 모든 삶의 가치를 오직 유한성 속에서 조망하기 때문이다. 니체는 이런 영원회귀 사유를 인간이 도달할 수 있는 최고의 긍정양식(höchste Formel der Bejahung)이라고 규정한다. 다시 말해 니체에게 영원회귀는 사유 중의 사유(Gedanke der Gedanken)이지만 동시에 가장 무거운(der schwerste Gedanke) 사유이며, 가장 심오한 사유(abgründlicher Gedanke)이다.[66]

니체는 영원회귀 사유에 대한 사유의 출발점을 다음과 같이 묘사한다. "영원회귀 사유라는 그 도달될 수 있는 최고의 긍정 형식은 1881년 8월의 것이다.: 그것은 '인간과 시간의 6천 피트 저편'이라고 서명된 채 종이 한 장에 휘갈겨졌다. 그날 나는 실바프라나 호수의 숲을 걷고 있었다.; 수르레이에서 멀지 않은 곳에 피라미드 모습으로 우뚝 솟아오른 거대한 바위 옆에 나는 멈추어 섰다. 그때 이 생각이 떠올랐다."(KSA 6, 95쪽)

니체의 이와 같은 주장에도 불구하고 영원회귀에 대한 니체의 사유는 고대 그리스의 여러 사상가들과 19세기 자연과학자의 주장에서 그 사상적 단초를 찾을 수 있다. 물론 니체도 영원회귀의 사유가 고대 그리스의 사상가의 주장으로부터 비롯되었다는 사실을 숨기지 않는다. "디오니소스적 철학의 핵심, 즉 소멸과 파괴를 긍정하

---

66) 실제로 니체의 영원회귀와 관련된 대부분의 사유가 완성된 저작과 광범위한 유고에서 다양한 상징과 비유적 표현을 통해 단편적으로 등장하며, 니체의 다른 사유들과 마찬가지로 관점에 따라 이전의 사유들의 관계성 속에서 다양한 해석의 가능성이 존재하기 때문에 영원회귀를 둘러싼 여러 가지 논쟁은 여전히 완결되지 않고 있다.

는 것, 대립과 싸움을 인정하는 것, 그리고 '존재'의 개념을 극단적으로 거부하고 대신 변화를 말한다는 점에서는 헤라클레이토스와 나는 어떤 경우에도 가장 유사하다는 점을 인정하지 않을 수 없다. 영원회귀에 대한 가르침, 즉 무조건적이고도 무한히 반복되는 모든 것의 순환에 대한 가르침 - 차라투스트라의 이 가르침은 결국 헤라클레이토스가 먼저 가르쳤을 수도 있었으리라."(KSA 6, 313쪽)

헤라클레이토스는 '만물은 유전한다(panta rhei)'는 주장을 통해 활활 타오르는 불처럼 세계가 끊임없이 생성된다고 주장한다. 헤라클레이토스에 따르면 모든 것은 불의 교환물이며, 불은 모든 것의 교환물이다. 따라서 헤라클레이토스에게 이 세계(kosmos)는 영원히 살아 있는 불로 정의된다. 특히 여기에서 불은 단지 정적으로 존재하는 대상이 아니라, 투쟁의 과정을 통해 세계를 형성하는 근원적인 물질이자, 변화의 주체이다.

니체는 이와 같은 불의 투쟁 과정을 마치 어린아이와 예술가가 세계를 생성하고, 다시 파괴하는 일종의 놀이와 유사하다고 주장한다.[67] "아무런 도덕적인 의미도 그것에 귀속시킴이 없이, 영원히 똑같은 무구의 상태로 생성하고 소멸하며 건설하고 파괴하는 것은, 이 세계에서는 오직 예술가의 놀이와 어린아이의 놀이가 있을 뿐이다. 그리고 어린아이가 예술가가 유희하는 것과 똑같이 영원히 살아 있는 불은 유희한다. 즉, 무구의 상태로 건설하고 파괴한다. -

---

[67] 정낙림은 헤라클레이토스와 니체의 사상적 연관성에 대해 다음과 같이 요약적으로 제시한다. "니체는 자신의 사상적 선구를 헤라클레이토스에서 찾기를 주저하지 않는다. 특히 니체는 헤라클레이토스의 B52의 '놀이하는 아이'가 놀이 철학의 정수를 보여준다고 확신한다. 이러한 사실은 니체의 저서를 통해 어렵지 않게 발견할 수 있다. 특히 니체의 가장 중요한 저서 가운데 하나인 『차라투스트라는 이렇게 말했다』의 <차라투스트라의 연설>에 등장하는 '세 가지 변화'에서 놀이하는 아이는 B52의 aion과 놀라울 정도로 일치한다." 헤라클레이토스와 니체의 놀이와 관련한 논의는 정낙림, 『놀이하는 인간의 철학』, 책세상, 2017, 82쪽 이하 참고.

그리고 이 유희를 아이온(세계로서의 시간, 세계시간)은 제 자신과 더불어 유희한다.”(KSA 1, 830쪽)

니체에 대한 헤라클레이토스의 이러한 영향력은 니체가 헤라클레이토스의 유명한 교설, ‘인간은 똑같은 강물에 두 번 들어갈 수 없다’를 다음과 같이 변형시켜 사용하는 것을 통해 나타난다. “생성 이외에는 아무것도 보지 못한다. 착각하지 말라! 너희들이 만약 생성과 소멸의 바다 한가운데 어디선가 육지를 보고 믿는다면, 그것은 너희들의 좁은 시야 때문이지 결코 사물의 본질이 그러하기 때문은 아니다. 너희들은 사물의 이름이 마치 확고한 지속성을 가지고 있는 것처럼 그것을 사용한다. 그러나 너희들이 두 번째로 발을 담그는 그 강조차도 같은 강이 아니다.”(KSA 1, 823쪽)

그럼에도 불구하고 니체의 영원회귀에 대한 사유는 단지 시간을 원형으로 표상하는 그리스인들의 보편적인 사유와는 구분된다. 이것은 쿨만(Oscar Cullmann)이 지적한 바와 같이, 그리스적인 시간 표상은 순환적인 것이기 때문이다.[68] 즉, 니체의 영원회귀 사유는 시간의 단순한 순환이나, 시간의 일상적인 반복을 의미하지 않는다. 니체의 관점에서 시간을 단순한 반복으로 파악하는 사유는 다음과 같이 형식화된다. “난쟁이는 경멸조로 중얼거렸다. 곧바른 것은 존재하지 않는다. 진리는 하나같이 굽어 있으며 시간도 일종의 둥근 고리다.”(KSA 4, 200쪽) 그러나 니체는 난쟁이의 이와 같은 주장을 차라투스트라의 입을 통해 논박한다. 그뿐만 아니라, 니체는 단순한 시간의 반복에 대한 믿음을 다음과 같이 조롱한다. “**피타고라**

---

68) Oscar Cullmann, *Christ and Time The Primitive Christian Conception of Time and History*, Tran by Floyd V. Filson, Bradford & Dickens, London, 1962, 23쪽 이하 참고.

**스 학파의 믿음이 정당할 경우에만,** 이 학파는 천체가 동일한 위치에 있을 경우 지상에서도 동일한 것이 세세한 부분에 이르기까지 모두 다시 반복된다고 믿었다. 그래서 별들이 서로 일정한 위치에 있을 경우에 언제나 스토아학파의 한 사람이 에피쿠로스학파의 한 사람과 결탁하여 로마 황제를 암살하며, 다른 위치에 있을 경우에 언제나 콜럼버스가 아메리카를 발견할 것이라고 믿는다."(KSA 6, 233쪽)

니체의 영원회귀 사유는 19세기 자연과학 이론인 로버트 마이어의 '에너지 보존 법칙'과도 밀접한 연관성을 갖는다. 니체는 당대의 과학법칙은 '에너지 보존 법칙'의 교설, 즉 우주 속 에너지의 상태는 변하지만 에너지의 총량은 불변한다는 주장을 적극적으로 수용한다. 이것은 니체가 "에너지 보존의 원리는 영원회귀를 요구한다"는 주장을 통해서도 잘 드러난다. 그리고 니체의 이러한 언명은 카우프만(Walter Kaufmann)을 비롯한 많은 니체 연구자들이 니체의 영원회귀 사유를 에너지 보존 법칙의 일종으로 해석하는 근거로 작용한다.

그러나 이것은 니체의 시간성을 오직 단지 양으로 측정된 물리적인 시간으로 정의한 결과이다. 따라서 이와 같은 니체에 대한 해석은 니체의 시간성 개념을 개체의 실존적인 삶과 분리시키는 결과를 초래한다. 즉, 영원회귀 사유에 대한 소위 우주론적 해석은 인간의 삶에 아무런 의미를 제공할 수 없다. 왜냐하면 이러한 해석은 결국 니체를 숙명론자 혹은 결정론자로서 파악할 수밖에 없기 때문이다. 그러므로 니체는 이러한 숙명론과 결정론을 단호히 거부한다.[69]

---

69) 따라서 영원회귀에 대한 우주론적 해석은 필연적으로 니체가 비판한 삶의 태도, 다시 말해 인

물론 영원회귀 사유에 대한 이와 같은 오해들은 영원회귀 사유에 대한 니체의 설명으로부터 기인한 것이다. 니체는 자신의 영원회귀 사유를 다음과 같이 묘사한다. "모든 것은 가고, 모든 것은 되돌아온다. 모든 것은 죽고, 다시 소생한다. 존재의 해(年)는 영원히 흐른다. 모든 것이 꺾이고, 모든 것은 다시 이어진다. 똑같은 존재의 집이 영원히 지어진다. 모든 것은 헤어지고, 모든 것은 다시 만나 인사를 나눈다. 존재의 수레바퀴는 이렇듯 영원히 자신에게 신실하다."(KSA 4, 272쪽) 그러나 앞에서 언급한 바와 같이, 니체의 영원회귀 사유는 단지 시간에 대한 원형적 표상 혹은 동일한 역사적 사건이 무한하게 반복되는 것을 의미하지 않는다.

니체는 자신의 영원회귀 사유를 '모든 가능한 가설 중 가장 과학적인 가설'이라고 부른다. 그러나 네하마스(Alexander Nehamas)의 지적과 같이 독일어 "wissen-schaftlich가 scientific보다 훨씬 광범위한 위미를 가지고 있다는 점은 논외로 하더라도 니체가 자연과학의 정당성을 근본적으로 의심했다는 사실"[70]을 부인할 수 없다. 즉, 니체의 영원회귀 사유는 단지 엄밀한 의미의 과학적 가설이 아니라, 인간의 실존적 삶의 영역에서 해석되어야 한다.

---

과의 연쇄로 이어지는 목적론, 숙명론, 결정론과 같은 삶의 데카당스와 연결된다는 점에서 해석의 정당성을 획득하기 어렵다. 또한 이와 같은 영원회귀에 대한 우주론적 해석은 이미 짐멜에 의해 논박당한다. 짐멜은 니체의 영원회귀 사유가 우주론적인 맥락에서 증명되기 위해서는 '에너지 보존 법칙'에 전제되어 있는 것과는 또 다른 증명이 필요하다는 사실을 지적한다. 즉, 우주의 에너지의 총합은 제한되어 있다는 사실과 우주의 에너지 상황의 총량은 제한되어 있다는 사실을 수용한다고 할지라도 이와는 별개로 모든 것들이 무한하게 반복된다는 것은 또 다른 차원의 증명이 필요하다는 것이다. 니체의 시간성은 시간의 지속을 통한 발전을 전제하지 않는다. 시작과 끝이 구분되지 않는 상태로 그냥 있는 것이다. 즉, 이러한 시간성은 어떠한 초월적인 것, 예를 들어 시간성을 벗어난 구원, 천국과 같은 무규정적 시간을 내포하지 않는다는 것을 의미한다. 이와 관련한 논의는 Simmel, Georg, *Schopenhauer und Nietzsche: ein Vortrag szyklus*, Unikum, Bermen, 2012, 250쪽 이하 참고.

70) 알렉산더 네하마스, 『니체, 문학으로서의 삶』, 김종갑 옮김, 책세상, 240쪽.

왜냐하면 니체는 영원회귀라는 사유를 과학적 가설이라고 부르는 것과 달리, 삶의 도상에서 인간이 마주해야 할 삶의 실존적 태도로 해석하기 때문이다. 따라서 니체의 영원회귀 사유는 '지금 여기'라는 시간성뿐만 아니라, 대지라는 인간의 실존적 삶의 토대, 다시 말해 공간적 의미를 동시에 함의하고 있다. 니체는 이와 같은 영원회귀의 의미를 다음과 같이 제시한다.

"최대의 중량. - 어느 날 낮, 혹은 어느 날 밤에 악령이 너의 가장 깊은 고독 속으로 살며시 찾아들어 이렇게 말한다면 그대는 어떻게 하겠는가.: '네가 지금 살고 있고, 살아왔던 이 삶을 너는 다시 한번 살아야만 하고, 또 무수히 반복해서 살아야만 할 것이다.; 거기에 새로운 것이란 없으며, 모든 고통, 모든 쾌락, 모든 사상과 탄식, 네 삶에서 이루 말할 수 없이 크고 작은 모든 것들이 네게 다시 찾아올 것이다. 모든 것이 같은 차례와 순서로 - 나무들 사이의 이 거미와 달빛, 그리고 이 순간과 바로 나 자신도. 현존재의 영원한 모래시계와 더불어 그렇게 될 것이다!' - 그대는 땅에 몸을 내던지며, 그렇게 말하는 악령에게 이를 갈며 저주를 퍼붓지 않겠는가? 아니면 그대는 악령에게 이렇게 대답하는 엄청난 순간을 경험한 적이 있는가?: '너는 신이로다. 나는 이보다 더 신성한 이야기를 들어보지 못했노라!' 그러한 생각이 그대를 지배하게 되면, 그것은 지금의 그대를 변화시킬 것이며, 아마도 분쇄시킬 것이다. '너는 이 삶을 다시 한번, 그리고 무수히 반복해서 다시 살기를 원하는가?'라는 질문은 모든 경우에 최대의 중량으로 그대의 행위 위에 얹힐 것이다! 이 최종적이고 영원한 확인과 봉인 외에는 더 이상 아무것

도 구하지 않기 위해서는, 어떻게 그대 자신과 그대의 삶을 만들어 나가야 하는가?"(KSA 6, 314쪽)

니체는 위 인용문을 통해 인간이 자신의 삶에서 모든 것이 영원히 회귀하는 시간성을 수용할 수 있는지 묻는다. 다시 말해, '만일 너의 삶이 또다시 반복된다고 한다면, 그것은 오로지 지금과 같은 형태로 동일하게 반복될 것이다. 그럼에도 불구하고 너는 지금과 같은 선택을 할 것인가?' 이것이 니체의 관점에서 인간의 실존적 삶에서 인간에게 야기되는 근원적인 두려움이다.

니체는 차라투스트라를 통해 이와 같은 실존적 두려움을 다음과 같이 표현한다. "심연의 사상이여, 나의 내면 깊은 곳에서 올라오라! … 생의 대변자이자 고뇌의 대변자이며 둥근 고리의 대변자이기도 한 나 차라투스트라가 너를, 너의 더없이 깊은 심연의 사상을 부리고 있으니! … 말이 끝나자 무섭게 차라투스트라는 돌연 시체처럼 그 자리에 쓰러져 죽은 듯이 오랫동안 꼼짝하지 않았다. 다시 정신이 들기는 했지만, 얼굴은 창백했고, 몸은 떨고 있었다. 그는 그렇게 누워 오랫동안 도무지 먹고 마시려 하지를 않았다."(KSA 4, 270쪽)

그뿐만 아니라 니체는 영원회귀 사유에 대한 이러한 실존적 두려움을 『차라투스트라는 이렇게 말했다』에서 각각 인간을 상징하는 양치기와 영원회귀를 상징하는 뱀이란 메타포를 통해 표현한다. 니체는 차라투스트라의 입을 빌려 양치기가 입 속에 시커멓고 묵직한 뱀에게 물린 상태를 다음과 같이 묘사한다. "내 일찍이 한 인간의 얼굴에서 그토록 많은 역겨움과 핏기 잃은 공포의 그림자를 본 일이 있던가? 그는 잠에 빠져 있었나?"(KSA 4, 270쪽) 차라투스트라는 양치기를 뱀으로부터 구원하기 위해 뱀을 손으로 잡아당겼지만, 양치기를 뱀으로부터 구원할 수 없었다. 왜냐하면 인간을 상징하는 양치기에게 뱀이 상징하는 영원회귀는 실존적 삶의 유일한 방식이었기 때문이다. 그러자 니체는 차라투스트라의 입을 빌려 양치기에게 뱀의 대가리를 물어뜯으라고 명령한다. 다시 말해, 니체는 인간에게 "내 안에서 나의 전율, 나의 증오, 나의 역겨움, 나의 연민, 내게 있는 좋고 나쁜 것 모두가 한목소리"(KSA 4, 270쪽)가 되어 영원회귀라는 실존적인 삶의 방식을 수용할 것을 강조한다.

니체는 이렇게 인간에게 수용된 영원회귀라는 실존적 시간을 과거, 현재, 미래라는 시간의 세 가지 양태를 통해 다음과 같이 묘사한다. "보라, 여기 순간(Augenblcik)이라는 것을!" 나는 말을 이어 갔다. "여기 순간이라는 성문으로부터 길고 영원한 골목길 하나가 뒤로 내달리고 있다. 우리 뒤에 하나의 영원히 놓여 있는 것이다. 만물 가운데 달릴 줄 아는 것이라면 이미 언젠가 이 골목길을 달렸을 것이 아닌가? 만물 가운데서 일어날 수 있는 일이라면 이미 일어났고, 행해졌고, 지나가 버렸을 것이 아닌가? 그리고 만약 모든 것이 존재했었다면, 난쟁이여, 여기 이 순간이라는 것을 어떻게 보는가? 이 성문 또한 이미 존재했었음에 틀림없지 않은가? 여기 이 순간으로 하여금 앞으로 일어날 모든 사물을 자기 자신에게 끌어당길 수 있게끔 모든 사물이 이처럼 단단하게 연결되어 있는 것이 아닌가? 그리하여, 그 자신까지도? 만물 가운데서 달릴 줄 아는 것이라면 언젠가 이 기나긴 골목길을 저쪽으로도 달리지 않을 수 없기 때문이다!"(KSA 4, 243쪽) 니체는 현재는 순간이라는 이름으로 규정되며, 인간의 실존적 삶의 언제나 순간의 이름으로 반복된다고 주장한다. 그러나 이와 같은 순간의 반복은 단지 과거, 현재, 미래의 분절된 시간의 표상을 의미하는 것이 아니다. 왜냐하면 순간은 과거, 현재, 미래라는 시간의 양태 모두를 연결시키고 있기 때문이다. 즉, 여기에서 과거는 마치 실체와 같이 불변의 사실로서 고정된 것이 아니라, 언제나 순간이라는 현재를 통해 새롭게 해석되며, 이와 같은 과정을 통해 과거는 현재와 연결된다. 따라서 인간이 실존적인 삶을 통해 순간을 긍정한다는 것은 현재와 연결된 과거와 미래까지도 긍정한다는 것을 의미한다. 니체는 이와 같은 순간에 대한 긍정을 삶에 대한 구원(Erolösung)이라고 부른다. "지난날을 구원하고 일체의 '그랬었다'를 '나 그렇게 되기를 원한다'로 전환하는 것, 내게는 비로소 그것이 구원이다!"(KSA 4, 243쪽) 그러나 여기에서 주의해야 할 사실은 이와 같은 구원이 인간에게 실존적이며, 각자적인 형태로 드러난다는 점이다. 왜냐하면 과거에 대한 의욕은 언제나 새로운 형태로 인간에게 모습을 드러내기 때문이다. 니체는 이와 같은 맥락에서 진정한 의미의 순간, 즉 대지의 가치와 이를 토대로 반복되는 인간의 실존적 삶의 의미를 긍정한다. 니체에게 이와 같은 대지의 모든 가치가 드러나며, 세계가 완성되는 순간이 바로 위대한 정오(der große Mittag)이다. 니체는 이를 다음과 같은 비유적 표현을 통해 표현한다. "오, 행복이여! 오, 나의 영혼이여, 노래하고 싶은가? 너는 풀밭에 누워 있고, 때는 목동조차 피리를 불지 않는 은밀하며 엄숙한 시간이다. 조심하라! 뜨거운 정오가 추원 위에 잠들어 있으니, 노래 부리지 마라! 조용히! 세계는 완전하다."(KSA 4, 434쪽) 물론 니체에게 인간의 실존적인 삶은 고통스러운 것이다. 그럼에도 불구하고 니체는 인간에게 주어진 모든 삶의 의미를 절대적으로 긍정한다. 이것이 바로 니체의 디오니소스적 긍정이며, 바로 운명애(amor fati)에 대한 실현인 것이다.

# 참고문헌

국내문헌

강영계,『니체와 문화비판』, 철학과 현실사, 2007.

---,『아티스트 니체: 니체와 그의 예술철학』, 텍스트, 2014.

---,『니체와 정신분석학: 힘에의 의지와 심층의식에 관한 철학적 성찰』, 서광
    사, 2003.

강용수,「신의 죽음과 존재이해 -하이데거의 니체 해석을 중심으로-」,『현대
    유럽철학연구』제29집, 한국하이데거학회, 2012.

---,「니체의 문화철학의 체계성과 연속성에 대한 연구: 개념의 형성과정과 영
    향사에 대한 분석을 중심으로」,『니체연구』제6호, 한국니체학회,
    2004.

---,「문화의 이념과 교육의 역할: 니체의 교육철학을 중심으로」,『문화예술교
    육연구』제4호, 한국문화교육학회, 2009.

---,「니체의 대중문화 비판」,『철학연구』제6호, 철학연구회, 2003. 고영섭,『
    니체 극장』, 김영사, 2012.

공병혜,「쇼펜하우어의 의지의 형이상학에서의 이념론과 예술」,『美學』, 한국
    미학회, 2002.

김미기,「니체, 바그너 그리고 그 역사적 의미」,『니체연구』제7호, 한국니체
    학회, 2005.

---,「감성과 자연의 명예회복 - 포이어바하와 니체의 몸개념을 중심으로」,『
    니체연구』제6집, 한국니체학회, 2004.

김선희,「니체와 쇼펜하우어에 있어서 예술의 치료적 양면성」,『니체연구』제
    19집, 한국니체학회, 2011.

---,「니체에게 있어서 관점과 해석의 문제 - 관점에 대한 아이러니한 태도」,
   『해석학연구』제19집, 한국해석학회, 2007.

김재철,「하이데거의 니체해석」,『동서사상』제2집, 경북대학교 인문학술원,
    2007.

김정현,「니이체의 원시기독교 비판 -예수와 바울을 중심으로-」,『니체연구』
    제2집, 한국니체학회, 1996.

---, 『니체의 몸 철학』, 문학과 현실사, 2000.

---, 『니체, 생명과 치유의 철학』, 책세상, 2006.

---, 「서양 근대에서 무의식의 이해」, 『범한철학』 제80호, 범한철학회, 2016.

---, 「니체에 있어서의 자아와 자기의 문제: 도덕적, 미학적 자아관」, 『철학』 제44호, 한국철학회, 1995.

김주휘, 「'비극의 탄생' 읽기 - 니체 대 쇼펜하우어」, 『철학사상』 제29집, 서울대학교 철학사상연구소, 2008.

---, 「인간학적 문제로서의 삶의 부정」, 『니체연구』 제18집, 한국니체학회, 2010.

---, 「니체의 자연 사유에 대한 소고」, 『니체연구』 제19집, 한국니체학회, 2011.

---, 「니체의 완전주의적 요청에 대한 이해: '동물-인간-위버멘쉬' 이행을 중심으로」, 『범한철학』 제71집, 범한철학회, 2013.

김효섭, 「니체의 행복론: 행복의 조건」, 『니체연구』 제22집, 한국니체학회, 2012.

노르베르트 엘리아스, 『문명화의 과정』, 박미애 옮김, 한길사, 1999.

네하마스 알렉산더, 『니체, 문학으로서의 삶』, 김종갑 옮김, 책세상, 2004.

질 들뢰즈, 『니체와 철학』, 이경신 옮김, 민음사, 2001.

-----, 『차이와 반복』, 김상환 옮김, 민음사, 2004.

토마스 만, 『쇼펜하우어·니체·프로이트』, 원당희 옮김, 세창미디어, 2009.

박찬국, 『니체와 불교』, 씨아이알, 2013.

---, 『해체와 창조의 철학자, 니체』, 동녘, 2001.

---, 「니체와 하이데거 사상의 비교고찰 -자연관을 중심으로-」, 『한국유럽철학연구』 제25호, 한국하이데거학회, 2011.

---, 「니힐리즘의 기원과 본질 그리고 극복에 대한 니체와 하이데거 사상의 비교고찰」, 『한국유럽철학연구』 제2호, 한국하이데거학회, 1997.

백승영, 「니체철학 개념 연구 I - 같은 것의 영원회귀」, 『철학』 제63집, 한국철학회, 2000.

---, 『니체, 디오니소스적 긍정의 철학』, 책세상, 2005.

---, 「니체철학의 다문화적 이해: 신화적 상징과 철학적 개념 - 디오니소스와 디오니소스적인 것」, 『니체연구』 제12집, 한국니체학회, 2007.

---, 「하이데거의 니체 읽기」, 『현대유럽철학연구』 제4집, 한국하이데거학회, 2009.

볼파르트 귄터, 『놀이하는 아이 예술의 신 니체』, 정해창 옮김, 담론사, 1997.

브리기테 셰어, 『미와 예술』, 박정훈 옮김, 미술문화, 2016.

스핑크스, 리, 『가치의 입법자 프리드리히 니체』, 윤동근 옮김, 앨피, 2009.

신상희, 「니체의 니힐리즘에 대한 하이데거의 비판」, 『현대유럽철학연구』 제
    15집, 한국하이데거학회, 2007.

아르투어 쇼펜하우어, 『의지와 표상으로서의 세계』, 홍성광 옮김, 을유문화
    사, 2009.

아리스토텔레스, 『시학』, 천병희 옮김, 문예출판사, 2002.

양해림, 『니체와 그리스 비극』, 한국문화사, 2017.

---, 「니체의 『비극의 탄생』에 대한 들뢰즈의 해석」, 『니체 연구』 제30집, 한
    국니체학회, 2016.

---, 「니체의 권력이론」, 『동서철학연구』 제76집, 한국동서철학회, 2015.

---, 「니체의 몸 철학: 오해된 몸의 복권」, 『니체연구』 제8집, 한국니체학회,
    2005.

---, 「니체의 디오니소스적 예술관」, 『철학』 제59집, 한국철학회, 1999.

---, 「문화콘텐츠와 디지털 미디어의 확산」, 『동서철학연구』 제58호, 한국동서
    철학회, 2010.

---, 「니체와 노자의 생태학적 자연관」, 『철학』 69집, 한국철학회, 2001.

---, 『미와 아트, 대중문화와 소통하다』, 집문당, 2014.

양해림 외, 『니체의 미학과 예술철학』, 북코리아, 2017.

에런스트 벨러, 『데리다-니체, 니체-데리다』, 박민수 옮김, 책세상, 2003.

이사야 벌린, 『비코와 헤르더』, 이종흡·강성호 옮김, 민음사, 1997.

이상범, 『니체의 건강철학』, 집문당, 2019.

---, 「니체의 개념 "힘에의 의지"의 심리학적 해명 - 그의 "정동(Affekt)" 개념
    을 중심으로」, 『니체연구』 제29집, 2018.

---, 「니체의 커다란 건강에 대한 연구」, 『니체연구』 제29집, 한국니체학회,
    2016.

이상엽, 「삶의 관점에서 본 비극의 의미」, 『철학연구』 133호, 대한철학회,
    2015.

---, 『니체의 문화철학』, 울산대학교출판부, 2007.

---, 『니체철학의 키워드』, 울산대학교출판부, 2005.

---, 『니체의 역사관과 학문관』, 울산대학교출판부, 2005.

---, 「니체, 인식의 한계 내에서의 진리에 대하여」, 『니체연구』 제34집, 한국
    니체학회, 2018.

---, 「니체의 '동일한 것의 영원회귀'에 대한 연구」, 『니체연구』 제5집, 한국니

체학회, 2003.

---, 「니체의 도덕비판」, 『한국철학논집』 제19집, 한국철학사연구회, 2006.

---, 「니체의 이성적 인간상 연구」, 『니체연구』 제11집, 한국니체학회, 2007.

---, 「니체의 근원적 허무주의」, 『니체연구』 제24집, 한국니체학회, 2013.

---, 「니체의 삶의 예술철학」, 『니체연구』 제11집, 한국니체학회, 2010.

이진우, 『니체, 실험적 사유와 극단의 사상』, 책세상, 2009.

---, 「니체, 몸 그리고 "춤추는 사유"」, 『니체연구』 제25집, 2014.

임건태, 「전통 형이상학 비판으로서의 니체의 비극해석」, 『니체연구』 제7집, 한국니체학회, 2005.

---, 「니체의 도덕적 세계해석 비판」, 『니체연구』 제9집, 한국니체학회, 2006.

뤼디거 자프란스키, 『니체-그의 생애와 사상의 전기』, 오윤희 옮김, 문예출판사, 2003.

정낙림, 「니체는 안티크리스트인가? -야스퍼스의 해석을 중심으로-」, 『철학연구』 제126집, 대한철학회, 2013.

---, 「디오니소스 다시 한번 더, 니체의 디오니소스-자그레우스 신화의 수용과 철학적 의미」, 『니체연구』 제7집, 한국니체학회, 2005.

---, 「Aion, 놀이하는 아이 그리고 디오니소스: 니체의 놀이 개념에 대한 연구」, 『인문논총』 제57집, 동서사상연구소, 2007.

---, 「비극에 대한 두 해석 - 쇼펜하우어와 니체의 경우」, 『대동철학』 제81호, 대동철학회, 2017.

---, 「예술 생리학과 미래 예술」, 『니체연구』 제28집, 한국니체학회, 2015.

---, 「놀이에 대한 철학적 연구 -니체의 놀이 개념을 중심으로-」, 『니체연구』 제14집, 한국니체학회, 2008.

---, 『놀이하는 인간의 철학: 호모 루덴스를 위한 철학사』, 책세상, 2018.

---, 「현대는 소크라테스와 더불어 시작되었다: 니체의 소크라테스 비판」, 『철학연구』 제92집, 대한철학회, 2004.

---, 『니체와 현대예술』, 역락, 2012.

---, 「니체의 민주주의 비판」, 『철학연구』 제101집, 대한철학회, 2007.

정동호, 「자연의 도덕화와 탈자연화」, 『니체연구』 제1집, 한국니체학회, 1995.

---, 「니체 철학의 자연과학적 토대」, 『니체연구』 제15집, 한국니체학회, 2009.

진은영, 「니체에서의 '영원성'의 긍정적 양식」, 『철학연구』 제58집, 철학연구회, 2002.

---, 『니체, 영원회귀와 차이의 철학』, 그린비, 2007.

차하순·정동호, 『부르크하르트와 니이체』, 서강대학교출판부, 1986.

천병희, 『그리스 비극의 이해』, 문예출판사, 2009.

최상욱, 『차라투스트라는 이렇게 말했다 메타포 읽기』, 서광사, 2015.

최선아, 「독일의 문화염세주의에 대한 연구」, 『세계 역사와 문화 연구』 제48집, 한국세계문화사학회, 2018.

최순영, 「니체의 기독교 이해에 대한 비판적 고찰」, 『니체연구』 제14집, 한국니체학회, 2008.

최진아, 「대중문화의 허무주의 현상에 대한 비판적 연구 - 니체의 근대문화의 비판을 중심으로」, 『니체연구』 제15집, 한국니체학회, 2013.

투키디데스, 『펠로폰네소스 전쟁사』, 천병희 옮김, 도서출판 숲, 2011.

루트비히 포이어바흐, 『종교의 본질에 대하여』, 강대석 옮김, 한길사, 2006.

마르틴 하이데거, 『숲길』, 신상희 옮김, 나남, 2008.

함머마이스터 카이, 『독일 미학 전통』, 이학사, 2014.

헤로도토스, 『역사』, 김봉철 옮김, 길, 2016.

홍사현, 「니체의 문화비판과 고대 그리스 -문화의 계보학적 고찰-」, 『니체연구』 제15권, 한국니체학회, 2009.

---, 「쇼펜하우어의 음악철학」, 『니체연구』 제10집, 한국니체학회, 2016.

---, 「니체의 음악적 사유화 현대성」, 『니체연구』 제10집, 한국니체학회, 2006.


국외문헌

Arras, D. John, "Art, Truth, and Aesthetics in Nietesche's Philosophy of Power", in *nietzsche Studien*, Band 9, 1980.

Assoun, Paul-Laurent, *Freud and Nietzsche*, Translated by Richard L. Collier, JR, Coutinuum, London, 2000.

Behler, E., "Sokrates und die griechische Trag die", in *Nietzsche-Studien,* Bd. 18, 1989.

Bowie, Andrew, *Aesthetics and Subjectivity*: from Kant to Nietzsche, Manchester University Press, Manchester, Manchester, 1990.

Bumham, Douglas, & Jesinghausen, Martin, *Nietzsche's The birth of tragedy: a reader's guide*, London, Continuum. 2010.

Danto, C. Arthur, *Nietzsche as Philosopher*, Columbia University Press, 2005.

Dumur, Louis, "Nietzsche and Culture", in *The Philosophical* Volume 40, Issue 2 2009.

Fink, Eugen, *Nietzsche's Philosophy*, Translated by Goetz Richter, Continuum, 2005. Geijen, J.A.L.J.J., *Geschichte Und Gerechtigkeit,* Walter de Grruyter, Berlin, 1997.

Gentili, Carlo, *Nietzsches Kulturkritik: zwischen Philologie und Philosophie*, Schwabe Verlagsgruppe AG Schwabe Verlag, Basel, 2010.

Georges, Bataille, *On Nietzsche*, The Athlone Press, London, 1992.

Gerhardt, Volker, *Friedrich Nietzsche*, C. H. Beck, München, 1995.

Haar, Michel, *Nietzsche and metaphysics*, Translated by Michael Gendre, Albany, State University of New York Press, 1996.

Janaway, Christopher, *Beyond Selflessness Reading Nietzsche's Genealogy*, Oxford University Press, Oxford, 2009.

Jensen, K. Anthony, *Nietzsche's Philosophy of History*, Cambridge university press, Cambridge, Cambridge, 2013.

Kaufmann, Walter, *Nietzsche: Philosopher, Psychologist Antichrist*, Princeton University Press, Princeton, 1974.

Kaulbach, Friedrich, "Nietzsches Interpretation der Natur", *Nietzsche-Studien*, Bd. 10/11. 1981-82.

-----, "History of Aesthetics" *Ancient Aesthetics* vol.1, Scientific Publishers, Warszawa, 1970.

Kofman, Sarah, *Nietzsche und die Metapher*, Translated by Wolff Verlag, Berlin, 2014.

Löwith K., "Auslegung von Friedrich Nietzsches Selbst, Interpretation und von Nietzsches Interpretationen", *Unveröffentlichte Dissertation*. München, 1923. (*für den Gebrauch von Bibliotheken geschriebene Zusam-menfassung in: Sämtliche Schriften, Bd 6, Stuttgart 1987*.)

Megill, Allan, *Prophets of Extremity Nietzsche, Heidegger, Foucault, Derrida*, University of California Press, California, 1987.

Meter, Andreas, *Nietzsche und Dionysus -Eine Suche nach den Quellen des Lebens die Dionysos-Mysterien*, Verlag, Berlin, 2015.

Müller-Lauter, W., *Nietzsche: Seine Philosophie der Gegensätze und die Gegensätze seiner Philosophie*, Berlin, 1971.

-----, "Nietzsches Lehre vom Willen zur Macht", *Nietzsche Studien*, Bd. 3,

1974.

Niemeyer, Christian, *Nietzsche verstehen: Eine Gebrauchsanweisung*, Lambert
    Schneider, Darmstadt, 2011.

Nietzsche, F. riedrich, *Sämtliche Werke Kritische Studienausgabe*, 15 Bänden,
    (Hrsg.) G. Golli · M. Montinari, Berlin, Walter de Gruyter, 1999.

-----, Die Geburt der Tragdie aus dem Geist der Musik, KSA 1, Berlin, 1999.

-----, Versuch einer Selbstkritik, KSA 1, Berlin, 1999.

-----, Unzeitgemässe Betrachtungen, KSA 1, Berlin, 1999.

-----, Menschliches, Allzumenschliches, KSA 2, Berlin, 1999.

-----, Die frhliche Wissenschaft, KSA 3, Berlin, 1999.

-----, Der Fall Wagner, KSA 6, Berlin, 1999.

-----, Der Antichrist, KSA 6, Berlin, 1999.

-----, Ecce Homo, KSA 6, Berlin, 1999.

-----, Götzen-Dämmerung, KSA 6, Berlin, 1999.

-----, Das griechische Musikdrama, KSA 1, Berlin, 1999.

-----, Richard Wagner in Bayreuth, KSA 1, Berlin, 1999.

-----, Nietzsche contra Wagner, KSA 6, Berlin, 1999.

-----, Sokrates Und die Trag die, KSA 1, Berlin, 1999.

-----, Die dionysische Weltanschauung, KSA 1, Berlin, 1999.

-----, Sokrates und die griechische Trag die, KSA 1, Berlin, 1999.

-----, Über Wahrheit und Lüge im aussermoralischen Sinne, KSA 1, Berlin,
    1999.

-----, Die Philosophie im tragischen Zeitalter der Griechen, KSA 1, Berlin,
    1999.

-----, Homer's Wettkampf, KSA 1, Berlin, 1999.

-----, Über die Zukunft unserer Bildungsanstalten, KSA 1, Berlin, 1999.

-----, Morgenrote, KSA 3, Berlin, 1999.

-----, sprach Zarathustra, KSA 4, Berlin, 1999.

-----, Jenseits von Gut und Böse, KSA 5, Berlin, 1999.

-----, Dionysos-Dithramben, KSA 6, Berlin, 1999.

-----, Ecce Homo, KSA 6, Berlin, 1999.

-----, Nachgelassene Fragmente 1880-1882, KSA 9, Berlin, 1999.

-----, Nachgelassene Fragmente 1882-1884, KSA 10, Berlin, 1999.

-----, Nachgelassene Fragmente 1884-1885, KSA 11, Berlin, 1999.

-----, Nachgelassene Fragmente 1885-1887, KSA 12, Berlin, 1999.

-----, Nachgelassene Fragmente 1887-1889, KSA 13, Berlin, 1999.

-----, Der griechische Staat, KSA 1, Berlin, 1999.

Ottmann, Henning, *Nietzsche-Handbuch*, Weimar, Stuttgart, 2000.

Purtschert, Patricia, G*renzfiguren: Kultur, Geschlecht und Subjekt bei Hegel und Nietzsche*, Campus Verlag, Frankfurt/Main 2006.

Rampley, Matthew, N*ietzsche, Aesthetics And Modernity*, Cambridge University Press, Cambridge, 2000.

Reschke, Renate, "'KORRUPTION' Ein kulturkritischer Begriff Friedrich Nietzsches zwischen Geschichtsphilosophie Und Ästhetik" in *Nietzsche-Studien*, Vol ume 21, Issue 1, 1992.

Ries, Wiebrcht, *Nietzsche Und Seine Ästhetische Philosophie des Lebens*, A. Francke Verlag, Tübingen, 2012.

Schacht, Richard, *Nietzsche*, Routledge, London, 1983.

Schmidt, J., *Kommentar zu nietzsche Die Geburt der Tragdie*, Walter de Gruyter, Berlin, 2012.

Schimidt, Rüdiger, "Elemente der frühen Kulturkritik Friedrich Nietzsches", in *Nietzsche-Studien*, Volume 13, Issue 1, 1984.

Stegmaier, Werner, *Nietzsche's Genealogie der Moral*, Wissenschaftliche Buchgesellschaft, Darmstadt, 2010.

-----, *Friedrich Nietzsche zur Einführung*, Hamburg, 2013.

Tongeren, van Paul, "Vom "Artz der Cultur" zum Artz und Kranken in person" eine Hyphothese zur Entwicklung Nietzsche als Philosoph Kultur(en), in *Nietzsche-Philosoph der Kultue(en)*, 2008.

Vattimo, Gianni, *Nietzsche, Eine Einführung*, Translated by Klaus Laermann, J.B Metzler, Stuttgart, 1992.

Williams, Raymond, *keywords: Vocabulary of Culture and Society*, London, fontana, 1976.

Young, Juilan, *Nietzsche's Philosophy of Religion*, Cambridge University Press, Cambridge, Cambridge, 2007.

-----, *Nietzsche's Philosophy of Art*, Cambridge University Press, London, 1992.

남재민

2012년 2월 제주대학교 국어국문과 졸업
2015년 2월 제주대학교 철학과 석사 학위
『칸트의 인과론 연구』
2020년 2월 제주대학교 철학과 박사학위
『니체의 문화철학 연구
-자연성 회복과 가치극복을 중심으로-』

논문
2016년 10월 니체의 초기 예술론에서 아폴론적인 것의 역할
2018년 1월 신의 죽음에 대한 니체와 하이데거의 해석

경력
2019년 8월 現 제주대학교 철학과 강사
2019년 8월 現 경인교육대학교 윤리교육과 강사
2020년 3월 現 울산대학교 철학과 강사

# 문화철학자,
니체

초판인쇄  2021년 2월 26일
초판발행  2021년 2월 26일

지은이  남재민
펴낸이  채종준
펴낸곳  한국학술정보㈜
주소  경기도 파주시 회동길 230(문발동)
전화  031) 908-3181(대표)
팩스  031) 908-3189
홈페이지  http://ebook.kstudy.com
전자우편  출판사업부  publish@kstudy.com
등록  제일산-115호(2000. 6. 19)

ISBN  979-11-6603-347-6  93160